U0111116

基因污染
風險規制
—— 與 ——
法律救濟

闕占文　著

摘要

技術是把雙刃劍。現代生物技術增進社會生產效率，促進人類福祉，但是亦可能造成人身財產損失，帶來生態環境風險，危及人類生存發展。因此，法律應該將現代生物技術研究與應用納入調整範圍。在現代生物技術造成損害時為受害者提供救濟，填補損害、制裁不法行為。鑒於生態環境風險的不可逆性和和生態修復的高成本，事先預防成為現代生物技術治理的優先選項，防患於未然。農業生產是現代生物技術應用最為廣泛的領域之一，本書研究基因污染風險規制和法律救濟。

第一章界定基因污染的法律屬性。雖然抗生素抗性基因污染和轉基因作物基因污染都使用了「基因污染」一詞，但兩者存在重要差異。基因污染主要指轉基因作物造成的基因污染。基因污染可能增加目標生物的進化速度，通過遺傳同化或遺傳淹沒等減少生物多樣性，不利於生態安全。由於各國對於現代生物技術的規制理念和規制立場存有差異，基因污染可能導致生產者或經營者無法進入特定市場、支付更高的管理成本、喪失使用特定認證標識資格。基因專利制度的發展使得農戶面臨侵犯專利的法律責任。考察基因污染的科學研究進展和司法裁判，可知基因污染多發生於相鄰空間，可納入私法相鄰關係之調整範疇；基因污染引發的財產權和專利權糾紛中，侵權人和被侵權人往往存在角色上的互換，增加了基因污染的複雜性。

第二章重點研究基因污染風險規制的理念。技術變遷影響風險規制。早期現代生物技術局限於實驗室研究，有關風險只在科學家內部討論，未被公眾關注。內部規制反映了科學家群體對於外部規制的排斥。隨著現代生物技術的突飛猛進，單一的自我規制無法因應，各國紛紛強化轉基因作物的外部規制。由於歷史文化、科技水平和產業發展等方面的差異，歐美等國分別形成了實質等同和風險預防等規制理念，強調對最終產品或者生產過程的規制。轉基因作物的風險規制應堅持可持續發展理念，兼顧發展與安全，推動不同農業生產模式共存，保障生產者的經營自由和消費者的選擇自由，不減損後代人的生物多樣性需求。

第三章和第四章分別討論轉基因作物釋放許可與轉基因食品標識規制。為了管理基因污染風險，各國根據活動的類型及其可能造成的風險，為轉基因作物釋放設置了不同的許可條件和程序。風險評估

是釋放許可的重要條件。雖然轉基因作物的規制理念存在差異，但是各國在風險評估環節普遍遵循了目標導向、科學為依據和個案評估原則，並按照風險識別、風險評估、風險評估結論判定、風險管理策略編制等步驟開展結構化的風險管理。為了保障消費者和經營者權益，各國陸續規制轉基因食品標識。需要注意的是，食品標識屬於商業言論，強制要求披露某些信息或者禁止披露某些信息限制了商業言論表意自由和商業言論不表意自由。在商業言論自由框架下，轉基因食品信息強制性披露要求或者非轉基因食品標識限制必須具有合法的規制目標，規制措施與規制目標符合比例原則的要求。

第五章討論基因污染受害者的請求權。根據轉基因作物許可之情形，基因污染可以分為處於實驗階段的轉基因作物造成的基因污染和已經許可上市的轉基因作物造成的基因污染。實驗階段，轉基因作物尚處於風險交流和風險評估階段，具有高度危險性；已經許可上市的轉基因作物雖不排除風險，但危險性較低。於實驗階段發生的基因污染，應適用《民法典》中的高度危險責任。基因污染一般發生於相鄰土地間，侵害了相鄰不動產權利人的財產權，已經許可上市的轉基因作物造成的基因污染應適用《民法典》不可量物侵害規範，受害者請求權包括妨害防止請求權、損害賠償請求權和補償請求權。容忍義務是上述請求權界分的主要依據。

第六章分析基因污染與知識產權保護。受專利保護的轉基因作物隨風媒等擴散，意外出現在他人財產中。此種狀態外觀上與使用／製造專利產品無異，但他人只是現場的無辜旁觀者，沒有製造／使用專利產品之行為，未從中受益。不加區分地要求無辜旁觀者承擔侵權責任有違侵權構成邏輯和公平正義的價值取向。專利法上的專利侵權構成要件抗辯和責任減免抗辯無法充分保護無辜旁觀者。應通過立法豁免基因技術領域的無辜旁觀者，但為了避免過度侵蝕專利權人的利益，無辜旁觀者應限定為「沒有獲取專利產品意圖且財產中只有微量專利產品的農民」。

目錄

摘要   iv

第一章　基因污染的法律意涵　001

第一節　基因污染的詞源考察　002
　　一、轉基因作物基因污染　002
　　二、抗生素抗性基因污染　006

第二節　基因污染的發生機理　009
　　一、基因漂移　009
　　二、物理混雜　011

第三節　基因污染的損害後果　012
　　一、生態環境損害　012
　　二、經濟損失　014
　　三、專利侵權責任　015

第四節　基因污染致害的特性　018
　　一、多發生於相鄰空間　018
　　二、被侵權人常是侵權人　019
　　三、致害機理複雜　020

第二章　基因污染風險規制理念演進　023

第一節　早期的科學家自我規制　024
　　一、阿西洛馬會議　024
　　二、《重組 DNA 分子研究指南》　025
　　三、反思科學家自我規制　026

第二節　轉基因植物的規制理念　027
　　一、實質等同　027
　　二、風險預防　030

第三節　轉基因植物規制的衝突：世界貿易組織爭端　035
　　一、風險預防的法律地位　035
　　二、歐共體措施是否符合 SPS 協定　036

第四節　可持續發展理念　038
　　一、基因編輯技術發展及其挑戰　038
　　二、確立可持續發展的規制理念　040

第三章　轉基因作物釋放許可 047

第一節　轉基因作物釋放許可 048
　　一、歐盟轉基因生物釋放許可 048
　　二、美國轉基因生物釋放許可 050
　　三、其他國家的轉基因生物許可 055
　　四、我國的轉基因生物釋放許可 057

第二節　轉基因作物風險評估 059
　　一、轉基因作物風險評估原則 059
　　二、轉基因作物風險評估程序 061
　　三、我國轉基因作物風險評估制度的完善 064

第三節　轉基因作物風險管理 067
　　一、物理和化學控制措施 067
　　二、生物控制措施 067
　　三、環境與規模控制措施 070

第四章　轉基因食品標識管理 073

第一節　食品標識的法律屬性 074
　　一、食品標識的界定 074
　　二、食品標識的類型 077
　　三、食品標識的功能 081
　　四、食品標識中轉基因信息的言論屬性 083

第二節　轉基因信息的披露義務 086
　　一、轉基因信息的強制性披露義務 086
　　二、強制性轉基因信息披露與不表意自由 089

第三節　非轉基因信息披露 095
　　一、消費者偏好與非轉基因標識 095
　　二、非轉基因信息披露與表意自由 096
　　三、虛假非轉基因標識的認定 101

第四節　我國轉基因標識制度的改革 107
　　一、轉基因信息披露制度的完善 107
　　二、非轉基因信息披露制度革新 109

第五章　　基因污染受害者的請求權 115

第一節　基因污染侵權責任的進路 116
　　　一、比較法考察 116
　　　二、我國沒有轉基因生物損害的特別規範 117

第二節　基因污染類型化 120

第三節　實驗階段的基因污染責任 123
　　　一、歸責原則 123
　　　二、基因污染所致人身傷害的救濟 123
　　　三、環境污染與基因污染所致損害賠償 125
　　　四、高度危險責任與基因污染所致損害賠償 129

第四節　許可上市後的基因污染 131
　　　一、相鄰污染的案由歸入 131
　　　二、相鄰污染糾紛的裁判實踐 132
　　　三、相鄰污染糾紛案由歸入的影響因素 133
　　　四、案由歸入偏差的原因 136
　　　五、許可上市後基因污染受害者請求權 138

第六章　　基因污染與轉基因知識產權保護 141

第一節　無辜旁觀者被訴侵權 142

第二節　無辜旁觀者是專利侵權人嗎？ 145
　　　一、轉基因作物的專利保護 145
　　　二、未經專利權人許可 146
　　　三、實施侵犯專利行為 147

第三節　無辜旁觀者可以主張責任減免抗辯嗎？ 152
　　　一、合法來源抗辯 152
　　　二、受害人過錯抗辯 155

第四節　無辜旁觀者不視為侵權 157
　　　一、農民權利與無辜旁觀者抗辯 157
　　　二、專利權人的風險認知與防範義務 159
　　　三、意外出現的轉基因數量與主觀意圖的判定 160
　　　四、明確不視為侵權抗辯 161

參考文獻 164
　　　一、中文論著 164
　　　二、外文論著 168

第一章

基因污染
的法律意涵

基因污染（genetic pollution）的概念最早由生物學等自然科學領域的學者提出，後來才進入社會科學領域。考察基因污染在遺傳學和生物學等領域的詞源發展，分析基因污染的發生機理，剖析基因污染對於生態環境和人身財產的影響及其法律意涵，是研究基因污染風險規制和法律救濟的前提。

第一節　基因污染的詞源考察

　　從詞源學上考察，基因污染最初被用於描述對本土生物基因庫的影響。隨著基因重組等現代生物技術的出現，轉基因生物（genetically modified organisms）[1] 受到的關注越來越多。基因污染的重點轉到轉基因作物（genetically modified crops）釋放造成的損害。此後，有關抗生素抗性基因在自然環境中擴散造成的不利影響亦受到關注。

一、轉基因作物基因污染

（一）轉基因技術的發展

　　1866 年，格雷戈爾·孟德爾（Gregor Johann Mendel）研究豌豆時發現了影響生物性狀的遺傳學規律。雖然孟德爾沒有使用「基因」一詞，但是他假設生物體穩定遺傳的表面特徵背後隱藏的微小細胞元素（cell elements）。這一研究成為現代遺傳學的基礎。[2] 1909 年，丹麥植物學家威廉·約翰遜（Wilhelm Ludwig Johannsen）首次發明「基因」一詞，用來描述控制生物性狀的基本遺傳單位。他進一步區分表型（phenotypes）和基因型（genotypes），前者指生物個體的外在表

1　關於使用基因重組技術改造後的生物名稱，表述比較多樣。比較常見的表述是「轉基因生物」，對應英語「transgenic organisms」。20 世紀 70 年代，重組 DNA 技術剛剛應用於動植物育種。那時常規的做法是將外源目的基因轉入生物體內，使其得到表達，故早期的英文科技文獻大都將這種移植了外源基因的生物形象地稱之為「transgenic organisms」，即「轉基因生物」。隨著分子生物技術的不斷發展，尤其是 20 世紀 90 年代末以來，科學家已經能夠在不導入外源基因的情況下，通過對生物體自身遺傳物質的加工、敲除或者屏蔽等方法改變生物體的遺傳特性並獲得人們所希望得到的性質。在此情形下，由於沒有轉入外源基因，嚴格地說也就不應再稱之為「轉基因技術」，而應稱之為「基因修飾技術（genetically modified technology）」。這樣會顯得更加適當、全面、名符其實。於是，「基因修飾生物（genetically modified organisms）」越來越多被使用，代替早期轉基因生物（transgenic organisms）。除了「轉基因生物」、「基因修飾生物」、「基因改造生物」等名稱外，「基因工程物體（genetically engineered organisms）」和「改性活生物體（living modified organisms）」等概念也常在學術研究或者法律文件中被使用。考慮到《農業轉基因生物安全管理條例》等內地立法使用「轉基因生物」，本書統一使用「轉基因生物」的表述。國際條約或內地法律是有法律約束力的文件，其中文作準文本是官方文本。本書在援引國際條約或者內地法律時，尊重其「基因修飾生物」、「改性活生物體」的表述，不作變動。

2　Petter Portin, Adam Wilkins, "The Evolving Definition of the Term 'Gene'", (2017) *Genetics* 205(4), pp. 1353-1364.

現，後者指生物的遺傳特徵。[3] 這一源自希臘語的概念迅速成為遺傳學和生物學的基礎概念。不過，基因最初僅僅是作為一個抽象概念被使用。事實上，威廉‧約翰遜認為基因是某種形式的計算元素，但故意避免猜測它的物理屬性。隨著 X 射線等科學技術的出現，遺傳學家在 20 世紀 30 年代發現一些基因可以被定位到特定染色體上的特定位置。而且，顯示出某種程度的共同遺傳的基因組可以被置於「聯結組（linkage）」中，即不同基因組合可能產生的效果。這個階段被稱為遺傳學的「古典時期」。[4]

美國生物學家穆勒（Hermann Joseph Muller）研究了基因圖譜、基因與生物性狀的關係、基因變異的性質，提出一個有影響力的理論，即基因是具有三種基本能力的分子，即自催化（自我繁殖）、異催化（產生非遺傳物質或效應）和變異能力（同時保留前兩種特性）。[5] 在這種觀點中，基因是毋庸置疑的物理實體，是三維的超微觀實體，擁有獨立的結構和某種變化的能力，其本身可以被傳遞。這些研究使得基因從一個抽象的計算單位轉變成一個物理意義上的物質。到 20 世紀 60 年代初，基因已經取得了似乎確定的物理特性，成為 DNA（脫氧核糖核酸）分子上的一個離散序列，編碼一個多肽鏈。1960 年代後生物技術的發展進一步推動了基因從抽象概念向物理實體的轉變。

1970 年，哈米爾頓 O. 史密斯（Hamilton O. Smith）和 K. W. 威爾科克斯（K. W. Wilcox）發現限制酶（Restriction enzymes），使有目的地切割 DNA 有了可能。[6] 兩年後，傑克遜（David A. Jackson）、西蒙斯（Robert H. Symons）和伯格（Paul Berg）利用限制性內切酶和連接酶，得到第一個體外重組的 DNA 分子，從而建立了重組 DNA 技術。[7] 1973 年，赫伯特‧博耶（Herbert W. Boyer）教授和斯坦利‧科恩（Stanley Cohen）教授成功進行人類歷史上第一次有目的的重組 DNA 實驗。這一成功使決定所有生命遺傳性狀的基因都有通過生物技

3　Frederick B. Churchill, "William Johannsen and the Genotype Concept", (1974) *Journal of the History of Biology* 7(1), pp. 5-30.

4　Petter Portin, Adam Wilkins, "The Evolving Definition of the Term 'Gene'", (2017) *Genetics* 205(4), pp. 1353-1364.

5　H. J. Muller, "Variation due to change in the individual gene", (1922) *The American Naturalist* 56(642), pp. 32-50.

6　Hamilton O. Smith and K. W. Wilcox, "A Restriction enzyme from Hemophilus influenzae: I. Purification and general properties", (1970) *Journal of Molecular Biology* 51, pp. 379-391.

7　David A. Jackson, Robert H. Symons and Paul Berg, "Biochemical Method for Inserting New Genetic Information into DNA of Simian Virus 40: Circular SV40 DNA Molecules Containing Lambda Phage Genes and the Galactose Operon of Escherichia coli", (1972) *Proceedings of the National Academy of Sciences* 69(10), pp. 2904-2909.

術得以跨越生物物種界限進行重組的可能，標誌著現代生物技術的誕生，使生物技術迅速完成了從傳統技術向現代技術的飛躍性轉變，一躍而躋身高技術行列。[8] 利用重組 DNA 技術，將外源性基因整合到動植物基因組中，改造生物的遺傳物質，使遺傳物質得到改造的生物在性狀、營養和消費品質等方面滿足人類的需求，這就是轉基因技術。[9]

（二）轉基因技術的應用與基因污染

轉基因技術一出現就顯示出巨大的商業前景。1975 年，淋巴細胞雜交瘤單克隆抗體技術問世。這是一項免疫學領域的細胞工程技術。雜交的細胞可以大量增值並生產純一單克隆體，為人類及動物疾病的診斷與治療提供新手段。1976 年，世界上第一家應用生物技術開發新藥的公司 —— 美國基因泰克公司（Genentech Inc.）成立，拉開了現代生物技術新興產業發展的序幕。[10] 現在，以轉基因技術為核心的現代生物技術已經被廣泛用於農業、畜牧業、醫藥、化工、食品、能源與環境保護等眾多領域，滲透到人類生產和生活的方方面面。農業生產是轉基因技術應用的重點領域。從 1996 年開始商業化種植以來，轉基因作物面積持續增長。1996 年，全球只有 170 萬公頃土地實行轉基因作物的商業化種植。據統計，2019 年，全球 29 個國家種植了 1.904 億公頃的生物技術作物。[11] 轉基因作物商業化種植面積年均增長約達 30%（見表 1.1）。

隨著重組 DNA 技術廣泛應用，其帶來的相關風險引起各方關注，特別是轉基因作物可能引發的生態風險。[12] 布雷西亞（A. Breccia）1977 年首次使用基因污染表述殺蟲劑可能產生的影響。[13] 諾曼

8　王建龍、文湘華編著：《現代環境生物技術》（第 3 版）（北京：清華大學出版社 2021 年版），第 2 頁。

9　闕占文：《轉基因生物越境轉移損害責任問題研究：以〈生物安全議定書〉第 27 條為中心》（北京：法律出版社 2011 年版），第 15 頁。

10　曾北危主編：《轉基因生物安全》（北京：化學工業出版社 2004 年版），第 5 頁。

11　ISAAA Brief 55-2019: *Executive Summary-Global Status of Commercialized Biotech/GM Crops*, available at https://www.isaaa.org/resources/publications/briefs/55/executivesummary/default.asp，2021 年 1 月 15 日訪問。國際農業生物技術應用服務研究所（The International Service for the Acquisition of Agri-biotech Applications，ISAAA）是一個非營利性國際組織，其宗旨是使發展中國家的貧窮農民享受農業生物技術帶來的利益，它每年都會發佈轉基因作物商業化的報告，其官方網站為：http://www.isaaa.org/Default.asp。

12　Carol A. Hoffman, "Ecological Risks of Genetic Engineering of Crop Plants", (1990) *BioScience* 40(6).

13　A. Breccia, E. Gattavecchia , A. M. Di Pietra & F. Lumare, "Radiobiochemistry of phytodrugs: II, activity of Altosid(R) and Altozar(R) in the biosynthesis of proteins and RNA in larvae of shrimps in vivo studied by leucine-U- 14C and URI dine-2- 14C", (1977) *Journal of Environmental Science & Health* Part B 12(2), pp. 105-112.

（Norman C. Ellstrand）1992 年研究轉基因作物中外源基因逃逸可能引發的生態風險。[14] 此後，有關轉基因植物基因污染的研究開始增加。[15] 亦有學者使用「生物污染（biotech pollution）」一詞描述轉基因作物造成的花粉漂移或者其他環境影響。[16] 雖然學者的描述有所不同，通常都指向轉基因作物中的基因（尤其是外源基因）因為基因漂移或者種子移動等擴散到其他生物中。

表 1.1 全球轉基因作物種植面積（單位：100 萬公頃）

年份	面積
1996	1.7
1997	11.0
1998	27.8
1999	39.9
2000	44.2
2001	52.6
2002	58.7
2003	67.7
2004	81.0
2005	90.0
2006	102.0
2007	114.3
2008	125.0
2009	134
2010	148
2011	160

14 Norman C. Ellstrand, "Gene Flow by Pollen: Implications for Plant Conservation Genetics", (1992) *Oikos* 63(1), pp. 77-86.

15 See eg. Luc C. Duchesne, "Impact of biotechnology on forest ecosystems", (1993) *The Forestry Chronicle* 69(3), pp. 307-313. Henry Daniell, "GM crops: public perception and scientific solutions", (1999) *Trends in Plant Science* 4(12), pp. 467-469. Potts, B. M., Barbour, R. C., Hingston, A. B. & Vaillancourt, R. E., "Genetic pollution of native eucalypt gene pools: identifying the risks", (2003) *Australian Journal of Botany* 51, pp. 1-25.

16 See Richard A. Repp, "Biotech pollution: Assessing Liability for Genetically Modified Crop Production and Genetic Drift", (2000) *Idaho Law Review* 36(3), p. 585. Thomas Connor, "Genetically Modified Torts: Enlisting the Tort System to Regulate Agricultural Contamination by Biotech Crops", (2007) *University Cincinnati Law Review* 75(3), p. 1187.

2012	170.3
2013	175.2
2014	181.5
2015	179.7
2016	185.1
2017	189.8
2018	191.7
2019	190.4

資料來源：James Clive，ISAAA Briefs，1996-2019

二、抗生素抗性基因污染

抗生素（antibiotics）指由細菌、真菌或其他微生物在生活過程中所產生的具有抗病原體或其他活性的一類物質[17]，包括 β - 內醯胺類抗生素（β-lactams）類、四環素類和氯黴素類等。[18] 抗生素的發明為人類抵抗多種疾病帶來曙光。抗生素不僅在治療咽炎、肺炎等人類疾病等方面發揮重要的作用，在防治農業生產中的病蟲鼠害等方面同樣發揮巨大作用。在引入抗生素初期，人們認為抗生素耐藥性的進化是不可能的，因為產生抗性細菌的突變頻率可以忽略不計。[19] 最初沒有人預料到，微生物會對各種化學毒物的攻擊作出反應，通過使用如此廣泛的機制發展對生素的抗性來適應變化的環境。[20]

不幸的是，隨著抗生素的廣泛應用，特別是不合理使用，越來越多的研究發現並證實了微生物的抗生素抗性基因（Antibiotics resistance genes，ARGs）。最初，人們用「抗生素污染（antibiotic pollution）」一詞代指抗生素本身以及由其產生的抗生素抗性基因導致

17　在實際研究中，也有一些學者並未嚴格區分「抗菌素（antimicrobial）」與「抗生素」這兩個概念，但準確來説，抗生素一詞僅指微生物自然產生的化學物質，而這些化學物質可以消滅或損害其他微生物，因此，並非所有的抗菌素都是抗生素。Luca Guardabassi & Patrice Courvalin, "Modes of Antimicrobial Action and Mechanisms of Bacterial Resistance", in Frank M. Aarestrup ed., *Antimicrobial Resistance in Bacteria of Animal Origin* (Washington, DC: ASM Press, 2006).

18　呂懷慶等主編：《常用抗生素的合理使用及應用原則》（天津：天津科學技術出版社 2008 年版），第 1 頁。

19　Julian Davies, "Inactivation of Antibiotics and the Dissemination of Resistance Genes", (1994) *Science* 264(5157), pp. 375-382.

20　Angela H. van Hoek, Dik Mevius, Beatriz Guerra, Peter Mullany, Adam Paul Roberts, Henk J. Aarts, "Acquired Antibiotic resistance genes: an overview", (2011) *Frontiers in Microbiology* 2, p. 203.

的污染。[21] 不過，抗性基因具有可複製和易擴散等特點，其造成的損害後果更為驚人。[22] 抗生素抗性基因的發展和傳播被認為是 21 世紀對人類、動物和環境健康的一個普遍威脅。[23] 學者開始關注這一問題，並建議將其列為環境污染物。[24]

最初學者們在研究抗生素抗性基因的擴散與轉移問題時常以宿主菌（Antibiotic resistant bacteria，ARB）[25] 的指標為主要參照，但已有研究顯示，超級耐藥細菌的超級耐藥基因可以獨立存在於環境之中。[26] 這進一步增加了抗生素抗性基因水平轉移與轉化的風險。抗生素抗性基因的傳播渠道十分多樣，全世界的許多自然湖泊河流、養殖場污水、飲用水處理廠、污水處理廠、水源水庫等水體中都可以檢測到抗生素抗性基因。[27] 抗生素抗性基因及其宿主菌可以輕易地通過地表與地下水向四處擴散，從而造成更大範圍的污染，而水環境則已成為巨大的抗生素抗性基因儲存庫。[28] 除水體環境外，經由有機肥的使用，污泥、污水的擴散，土壤也成為抗生素抗性基因及其宿主菌的富集區，經由土壤，抗生素抗性基因可以輕易地通過作物的根部或通過葉片表面污染作物，乃至對人體健康造成傷害。[29] 此外，也有研究顯示「空氣」也能

21　Jose Luis Martinez, "Environmental Pollution by Antibiotics and by Antibiotic Resistance Determinants", (2009) *Environmental Pollution* 157(11), pp. 2893-2894.

22　肖鑫鑫等：《武漢城市湖泊抗生素及抗性基因的污染特徵研究》，載《環境科學與技術》2019 年第 3 期。

23　Vijay Tripathi, Pooja Tripathi, "Antibiotic Resistance Genes: An Emerging Environmental Pollutant", in K. Kesari ed., *Perspectives in Environmental Toxicology* (Environmental Science and Engineering) (Springer, 2017).

24　Amy Pruden, Routing Pei, Heather Storteboom, Kenneth H. Carlson, "Antibiotic Resistance Genes as Emerging Contaminants: Studies in Northern Colorado", (2006) *Environmental Science Technology* 40(23), pp. 7445-7450. Heather Storteboom, Mazdak Arabi, Jessica G. Davis et al., "Tracking Antibiotic Resistance Genes in the South Platte River Basin Using Molecular Signatures of Urban, Agricultural, and Pristine Sources", (2010) *Environmental Science Technology* 44(19), pp. 7397-7404. Allen, H., Donato, J., Wang, H. et al., "Call of the Wild: Antibiotic Resistance Genes in Natural Environments", (2010) *Nature Review Microbiology* 8(4), pp. 251-259.

25　抗生素抗性基因宿主菌又被稱為抗生素耐藥細菌，是由於環境中抗生素殘留導致其選擇性壓力而產生的。Prasert Makkaew, Akechai Kongprajug, Natcha Chyerochana, Montakarn Sresung, Nopadol Precha, Skorn Mongkolsuk, Kwanrawee Sirikanchana, "Persisting antibiotic resistance gene pollution and its association with human sewage sources in tropical marine beach waters", (2021) *International Journal Hygiene and Environmental Health* 238, p. 113859.

26　梁永兵等：《天津市中心城區集中供應管網末梢水的抗生素耐藥基因污染特徵研究》，載《生態毒理學報》2021 年第 2 期。

27　趙婉婷等：《太湖周邊飲用水處理廠中抗生素抗性基因污染分佈特徵》，載《環境化學》2020 年第 12 期。

28　王婷等：《抗生素抗性基因在飲用水系統中的污染特徵與去除研究進展》，載《應用化工》2020 年第 12 期。

29　鄧貝奇：《生菜中抗生素抗性基因污染溯源初探》，2021 年浙江大學碩士學位論文。

成為抗生素抗性基因及其宿主菌的傳播渠道。[30]

　　轉基因作物和抗生素抗性基因擴散具備共同的特性 —— 無控制地將基因擴散到其他非目標生物的基因組中，但兩者的發生機理和後果存在差異，本書採取狹義的「基因污染」概念，將基因污染等同於轉基因作物污染。

30　Mina Aghaei, Masud Yunesian, "Comment on: 'Pollution profiles of antibiotic resistance genes associated with airborne opportunistic pathogens from typical area, pearl river estuary and their exposure risk to human'", (2021) *Environment International* 153, p. 106554. Zhenchao Zhou, Xinyi Shuai, Zejun Lin, Lingxuan Meng, Xiaoliang Ba, Mark A. Holmes, Hong Chen, "Short-term inhalation exposure evaluations of airborne antibiotic resistance genes in environments", (2022) *Journal of Environmental Sciences* 122, pp. 62-71.

第二節　基因污染的發生機理

遺傳學和生物學常常將基因污染歸因於基因漂移（gene flow），即遺傳物質（基因）從一個種群向另一個種群移動。基因漂移是長期存在的自然現象，已在自然界的生物之間發生了數百萬年。[31] 基因漂移是進化粘合劑（evolutionary glue），是進化進程中不可避免的主要驅動力。[32] 如果沒有基因漂移的存在，我們不會擁有如此豐富多彩的自然生態系統。由於基因漂移是基因污染的主要原因，一些學者直接用基因漂移代替基因污染的概念。這種做法值得商榷，因為基因污染本身具有「污染屬性」，根據經合組織對「污染」的定性，其是指一種對環境的「有害導入」，本身便帶有負面價值判斷性，而基因漂移本身作為自然現象並無危害，此種代替式的定義既混淆了二者的界限也極容易導致公眾忽略對基因污染的危害性。[33]

一、基因漂移

根據提供基因的生物（供體）和接受基因的生物（受體）之間的親緣關係，基因漂移可以分為垂直基因漂移（vertical gene flow）和水平基因漂移（horizontal gene flow）。[34]

第一，垂直基因漂移，指具有親緣關係的個體之間通過有性繁殖發生的基因移動。垂直基因漂移可分為以下類型：（1）作物對作物的基因漂移：轉基因作物對非轉基因作物的流動（種內漂移）；（2）作物到雜草的基因漂移：轉基因作物流向同種雜草（種內漂移）。（3）作物到野生物種的基因漂移：轉基因作物的轉基因流向其野生親緣物種

31　沈孝宙編：《轉基因之爭》（北京：化學工業出版社 2008 年版），第 78 頁。

32　Norman C. Ellstrand, "Is gene flow the most important evolutionary force in plants?", (2014) *American Journal of Botany* 101(5), pp. 737-753.

33　張文斐：《美國基因漂移侵權責任分析及啟示》，載《電子知識產權》2020 年第 8 期。

34　參見盧寶榮：《環境生物安全：科學理性看待轉基因生物技術》，載《科學與社會》2012 年第 2 期。Jonathan Gressel, "Dealing with transgene flow of crop protection traits from crops to their relatives", (2015) *Pest Management Science* 71(5), pp. 658-667. Jack A. Heinemann, "A typology of the effects of (trans)gene flow on the conservation and sustainable use of genetic resources", (2007) *Commission on Genetic Resources for Food and Agriculture, Background Study Paper* 35(1), Food and Agriculture Organization of the United Nations.

（種間或屬間漂移）。[35] 垂直基因漂移是一個複雜的過程，包括若干步驟，每個步驟對於基因的移動和個體間雜交都至關重要。影響垂直基因漂移的因素包括源種和匯種的地理位置、源種和匯種的繁殖策略、子代的生存能力、允許減數分裂和配子發生的雜種的細胞型和基因組組成等。[36] 轉基因方法本身存在著不穩定性，容易發生基因重組，導致外源基因逃逸。[37]

第二，水平基因漂移，也被稱為橫向基因漂移，是指遺傳信息跨越正常的繁殖障礙，在關係較遠或較近的生物體之間的移動。[38] 水平基因漂移在原核生物中更為常見，如噬菌體在細菌之間移動具有抗生素抗性的質粒。跨越種屬關係的基因漂移不常見，如動植物與微生物之間的基因轉移。例如，幾乎所有的土壤都有降解草脫淨（atrazine）的細菌。數百萬公頃的土地被噴灑了幾十年的草脫淨，許多雜草已經進化出了抗性。儘管雜草的根部沐浴在土壤細菌的 DNA 中，但沒有報道過土壤細菌基因導致的抗性案例。因此，自然發生在植物上或植物之間的風險曾被認為是不重要的，而且沒有被任何主要監管機構考慮。[39]

近年來，水平基因漂移受到越來越多的關注。[40] 許多抗性基因很早以前就在自然環境中進化，沒有受到人為影響，但這些基因現在正迅速傳播到人類病原體中，並在它們之間傳播。水平基因漂移的發生有三種被充分理解的遺傳機制：（1）轉化（transformation）。細菌從其環境中吸收 DNA；（2）共軛作用（conjugation）。細菌直接將基因轉移到另一個細胞中；（3）傳導（transduction）。噬菌體將基因從一個細胞轉移到另一個細胞。一旦轉移，基因和病原體繼續進化，往往導

35　Bao-Rong Lu, "Transgene escape from GM crops and potential biosafety consequences: an environmental perspective", (2008) *Collection Biosafety Review* 4, pp. 66-141.

36　Mukund Lal, Ekta Bhardwaj, Nishu Chahar, Meenakshi Dangwal, Sandip Das, "(Trans)Gene Flow: Mechanisms, Biosafety Concerns and Mitigation for Containment", *Reproductive Ecology of Flowering Plants: Patterns and Processes* (Singapore: Springer Singapore, 2020), pp. 335-394.

37　薛達元主編：《轉基因生物安全與管理》（北京：科學出版社 2009 年版），第 88 頁。

38　Patrick Keeling, Jeffrey Palmer, "Horizontal gene transfer in eukaryotic evolution", (2008) *Nature Review Genetics* 9, pp. 605-618.

39　Johnathan Gressel, "Dealing with transgene flow of crop protection traits from crops to their relatives", (2015) *Pest Management Science* 71(5), pp. 658-667.

40　Dora G. Quispe-Huamanquispe, Godelieve Gheysen, Jun Yang, Robert Jarret, Genoveva Rossel, Jan F. Kreuze, "The horizontal gene transfer of Agrobacterium T-DNAs into the series Batatas (Genus Ipomoea) genome is not confined to hexaploid sweetpotato", (2019) *Science Report* 9(1), pp. 1-13. Alessandra Pontiroli, Aurora Rizzi, Pascal Simonet, Daniele Daffonchio, Timothy M. Vogel, Jean-Michel Monier, "Visual evidence of horizontal gene transfer between plants and bacteria in the phytosphere of transplastomic tobacco", (2009) *Applied Environmental Microbiology* 75(10), pp. 3314-3322. Aaron O. Richardson, Jeffrey D. Palmer, "Horizontal gene transfer in plants", (2006) *Journal of Experimental Botany* 58(1), pp. 1-9.

致細菌具有更大的抗藥性。[41]

如今，轉基因作物的基因漂移風險得到較為廣泛的承認。世界衛生組織在其報告中承認交叉授粉或者污染取決於特定植物的花粉和種子的授粉特點和擴散，明確需要採取適當的管理措施。[42] 美國科學院、英國農業和環境生物技術委員會均在報告中指出基因漂移的風險。[43] 在 *Monsanto v. Geertson* 案中，美國聯邦最高法院認同了地區法院裁定的關鍵事實，即轉基因油菜會污染其他植物，甚至有時在受控制的環境下也會造成污染。[44]

二、物理混雜

基因漂移修飾或改變非轉基因作物的基因結構，造成基因污染。此外，產品的物理混雜亦可能導致非轉基因產品中被檢測出轉基因成分。一方面，轉基因作物的種子可能隨風、昆蟲或水擴散，進入相鄰土地，並在來年生長、結果，成為自生物，使得種植非轉基因作物的土地中出現轉基因作物，並在作物收割過程中被混合。另一方面，轉基因作物的研究和生產過程中，需要採取嚴格的隔離措施，確保轉基因作物與非轉基因作物的分離。然而，農業生產經營環節多、鏈條長，轉基因作物及其產品可能在某些環節進入非轉基因作物及其產品中。此外，在大規模農業收割和處置過程中，一些農業機械在收割完轉基因作物後進行非轉基因作物的收割，導致轉基因作物的種子混入被轉基因作物及其產品中。

---

41 Alita R. Burmeister, "Horizontal Gene Transfer", (2015) *Evolution, Medicine, and Public Health* 1, pp. 193-194.

42 Food Safety Department, World Health Organization, Modern Food Biotechnoogy, Human Health and Development: An Evidence-Based Study (Geneva: World Health Organization, 2005), pp. 12-19.

43 National Academy of Science, *The Impact of Genetically Engineered Crops on Farm Sustainability in the United States* (Washington, DC: National Academies Press, 2010). Agricultural and Environmental Biotechnology Commission (2003), "GM Crops? Coexistence and Liability".

44 *Monsanto Company et al., v. Geertson Seed Farms et al.*, 130 S. Ct. 2743 (2010).

第三節　基因污染的損害後果

基因污染的生態環境後果是遺傳學、生物學領域科研人員高度關注的問題，但是基因污染不僅僅造成生態環境損害，亦通過環境媒介造成其他損害，特別是財產損失或法律責任。

一、生態環境損害

轉基因作物的基因通過現代生物技術得以修飾，使其呈現出特定的性狀，並經常表現出對野生近源物種的選擇優勢。具體而言，基因污染的生態影響主要表現為以下方面。

第一，目標生物的進化。轉基因作物可能表現出抗殺蟲劑、抗除草劑、增產等不同性狀。抗殺蟲劑和抗除草劑的基因漂移可能造成害蟲或雜草的進化。一方面，由於抗蟲轉基因植物的大規模釋放，將對目標害蟲產生強大的選擇壓力，很可能增加目標害蟲的抗性和進化速度。研究表明，棉鈴蟲已對轉基因抗蟲棉產生抗性：轉基因抗蟲棉對第一、第二代棉鈴蟲有很好的毒殺作用，但第三、第四代棉鈴蟲已對轉基因抗蟲棉產生抗性。[45] 另一方面，抗除草劑的基因由轉基因作物進入野生雜草的基因組，導致這些雜草模仿了轉基因作物的表型，無法被除草劑清除，增加了雜草生存和擴散的機會和數量，減少了控制雜草的機會。[46] 1990 年代末起，美國農民廣泛種植抗草甘膦除草劑的轉基因棉花。孟山都以農達商標銷售這種草甘膦除草劑。這種除草劑－作物混合的模式最初進展不錯。2004 年，抗除草劑的莧屬植物（amaranthus）在佐治亞州被發現。2011 年，有 76 個縣發現了這種莧屬植物。有些農民的過半田地都被莧屬植物佔據了。如今，抗草甘膦的雜草在全球 18 個國家出現，尤其是巴西、澳大利亞、阿根廷、巴拉圭等國家。[47]

45　Charles M. Benbrook, "Impacts of Genetically Engineered Crops on Pesticide Use in the United States: the First Eight Years", (2003) *Biotech InfoNet* 6.

46　SH Barrett, "Crop mimicry in weeds", (1983) *Econ Bot* 37(3), pp. 255-282.

47　Natasha Gilbert, "Case Studies: A Hard Look at GM Crops", (2013) *Nature* 467. 不過，作者認為，無論農民是否種植轉基因作物，耐藥性都會出現。

第二，減少生物多樣性。基因污染可能因為遺傳同化、遺傳淹沒（genetic swamping）、進化選擇等減少遺傳資源和物種的生物多樣性。（1）遺傳同化。野生雜草物種與轉基因作物的反覆雜交和基因組混合，經過修飾的等位基因進入野生基因型的頻率增加。結果，出現基因組不相容、減數分裂缺陷（meiotic defects）、生育能力下降等現象，使得野生物種的適應能力和繁殖能力下降，並最終走向滅絕。[48]（2）遺傳淹沒。在這個過程中，基因漂移發生在兩個基因隔離的種群之間，一個是大的種群，另一個是小的種群。來自大種群、源種群的基因（或基因修飾）/ 等位基因的引入導致小種群、匯種群的遺傳多樣性減少。[49]涉及等位基因捐贈的大型栽培作物種群和接受等位基因的小型野生近緣種群的遺傳淹沒可能導致野生近源物種種群的急劇減少，甚至導致其在某一地理區域的滅絕。[50]有許多實例表明證實這一點。在處理瀕危物種的就地保護工作時，基因淹沒是一個主要的問題，因為棲息地破碎化，與相關和常見物種的交叉授粉（cross-fertilization）威脅著珍稀和瀕危野生物種。[51]（3）選擇性清除（selective sweep），即由於強烈的正向選擇，一個基因座周圍的遺傳變異被丟失的過程。它通常發生在一個種群的個體中引入一個賦予較高適應度（fitness）概率的新基因之時。由於較高的適應度概率，該新基因增加了宿主比其他個體容易生存的機會，並受到強烈的正向選擇。在強大的選擇壓力下，種群的基因組由於喪失了不太可行的性狀而明顯地變得單一。正選擇和負選擇都會導致遺傳多樣性的喪失，在玉米、高粱和角豆等作物品種中都觀察到了選擇性清除現象。玉米選擇性清除的一個結果是，與白玉米品種中的 Y1 基因座相比，馴化後的黃玉米品種中植物烯合成酶

---

48 E. Small, "Hybridization in the domesticated-weed-wild complex", (1984) *Plant Biosystematics*, pp. 195-210; Bao-Rong Lu, "Introgression of transgenic crop alleles: its evolutionary impacts on conserving genetic diversity of crop wild relatives", (2013) *Journal of Systematics and Evolution* 51(3), pp. 245-262.

49 Judith M. Rhymer, Daniel Simberloff, "Extinction by hybridization and introgression", (1996) *Annual Review Ecology Systematics* 27(1), pp. 83-109.

50 E. Small, "Hybridization in the domesticated-weed-wild complex", (1984) *Plant Biosystematics*, pp. 195-210; Bao-Rong Lu, "Introgression of transgenic crop alleles: its evolutionary impacts on conserving genetic diversity of crop wild relatives", (2013) *Journal of Systematics and Evolution* 51(3), pp. 245-262.

51 Susan Rutherford, van der Marlien Merwe, Peter G. Wilson, Robert M. Kooyman, Maurizio Rossetto, "Managing the risk of genetic swamping of a rare and restricted tree", (2019) *Conservation Genetics* 20(5), pp. 1-19.

的 Y1 基因座周圍的遺傳變異減少。[52]

二、經濟損失

發生基因污染後，經過現代生物技術修飾的基因出現在非轉基因作物或產品中，可能使得非轉基因作物種植者或經營者遭受重大經濟損失。

第一，產品被禁止或限制進入某一市場。各國或地區對待轉基因食品的態度不相同。有的國家或地區認為轉基因食品和非轉基因食品沒有實質性差異，不需要特別審批；有些國家或地區進行嚴格的監管。如果產品中被檢測出未經許可的轉基因成分，這些產品將被禁止入關。我國海關已經多次拒絕被檢測出未經批准的轉基因成分的產品入境。如 2021 年 3 月，廈門海關在青島度小月商貿有限公司進口的度小月紅麴豆腐乳和度小月麻油辣腐乳中，分別檢測出未經批准的轉基因成分 pCaMV35S、tNOS 和 CP4-EPSPS，對該批貨物依法退貨或銷毀。[53] 因此，如果基因污染導致產品出現了進口國尚未許可的轉基因成分，將導致產品生產者或經營者無法將產品出口到特定市場。

第二，增加標注、檢測和管理費用。即便產品所含有的轉基因成分獲得許可，但是如果含量高於法定閾值，必須按照進口國的要求進行標識，否則不得進口。如福州海關在平潭隆耀進出口貿易有限公司進口的巧益川味豆乾檢出未標示的轉基因成分大豆轉基因成分（定性）CP4- EPSPS，該批食品亦被拒絕入境。[54] 而且，如果此前出口商進口的產品發生過基因混雜，為了防止未經許可的轉基因產品進入本國市場，進口國通常會要求出口商提供合格的檢驗證明，確保進口的產品沒有包含未經許可的基因，或者要求已獲許可的基因超過法定閾值時必須附有合法標識。為了避免喪失出口市場，農戶或者企業一般會採取檢測、管理措施，隔離被污染的產品。[55]

第三，喪失特定產品認證資格。伴隨社會經濟發展，消費者需求更加多元，如對綠色食品的偏好、對動物福利的關注。為了滿足消費者對特定產品的偏好，區分不同產品，一些第三方機構或者行業組織

---

52 K. Palaisa, M. Morgante, S. Tingey, A. Rafalski, "Long-range patterns of diversity and linkage disequilibrium surrounding the maize Y1 gene are indicative of an asymmetric selective sweep", (2004) *Proceedings of the National Academy Sciences* 101(26), pp. 9885-9890.

53 2021 年 3 月全國未准入境食品化妝品信息，http://www.customs.gov.cn/spj/zwgk75/2706876/wzrjdspxx57/3629158/index.html，最後訪問日期：2022 年 1 月 3 日。

54 同上注。

55 闕占文：《轉基因作物基因污染受害者的請求權》，載《法學研究》2015 年第 6 期。

編製產品認證標準，為符合要求的產品提供認證。符合這些認證要求並使用認證標識的產品，往往具有一定的溢價，為生產者或者經營者提供更好的利潤。[56] 如果產品不符合認證標準或規範，將無法使用特定產品標識。與轉基因食品關係密切的是有機產品，很多有機認證機構禁止有機產品中含有轉基因成分或者限制其中的轉基因成分含量，否則不得以有機產品的標誌銷售。[57] 一旦轉基因成分出現在有機產品中，將導致其喪失有機產品資格，經營者無法按照有機產品的價格銷售，遭受經濟損害。

　　第四，其他損失。基因污染還會造成其他損失，比如種植非轉基因作物的區域也種植了轉基因作物，消費者擔心轉基因作物從而拒絕購買該地區的非轉基因作物或其產品。消費者對轉基因產品的厭惡會迫使超市等零售機構拒絕轉基因產品或疑似轉基因產品。星聯（StarLink）玉米案是典型案例。埃文迪斯（Aventis）農作物科學美國控股公司利用轉基因技術研製出一種含有 Cry9C 蛋白質的農作物種子，這種特殊蛋白質能殺死某些昆蟲。由於 Cry9C 與某些人類過敏原具有相似性，美國環境保護署簽發限制性登記，許可將星聯玉米用於動物餵養、生產乙醇和種子增產等特定用途，但是禁止用於人類消費。2000 年 10 月，大量報道反映人用食品 Cry9C 檢測呈陽性後，刮起生產商召回穀物產品的風暴。2000 年 10 月 12 日，在美國環境保護署的催促下，埃文迪斯公司申請撤銷有效期至 2001 年 2 月 20 日的受限註冊。然而，星聯污染的擔憂仍影響穀物市場。許多美國食品生產商停止使用美國穀物，代之以進口穀物或其他穀物替代品。韓國、日本和其他國家終止或限制從美國進口穀物。穀物輸送機和運輸提供者現在必須進行昂貴的穀物裝運檢測。產業觀察家估計，這樁醜聞的全部損失可能超過 10 億美元。[58]

三、專利侵權責任

　　轉基因作物基因污染所造成的損害問題可以在知識產權的背景下

56　關於有機作物產品與非有機作物產品的價格差異，參見 Agricultural and Environmental Biotechnology Commission (2003), "GM Crops? Coexistence and Liability", p. 80.

57　如我國有機產品國家標準規定，禁止在有機生產體系或有機產品中引入或使用轉基因生物及其衍生物，包括植物、動物、種子、成分劃分、繁殖材料及肥料、土壤改良物質、植物保護產品等農業投入物質。存在平行生產的農場，常規生產部分也不得引入或使用轉基因生物。

58　*In re Starlink Corn Products Liability Litigation*, 212 F. Supp. 2d 828; 2002 U.S. Dist. LEXIS 12791. 該案具體情況可參閱闕占文：《轉基因生物越境轉移損害責任問題研究：以〈生物安全議定書〉第 27 條為中心》（北京：法律出版社 2011 年版），第 29-35 頁。

考察。很多情況下，轉基因作物得到知識產權，特別是專利權或植物品種權的保護。[59]

　　歷史上，自然生長的植物和其他生物體，甚至是人類培育的植物和生命體，不能獲得專利，因為它們是自然的產物。相似地，植物也被認為不符合專利法中的「書面描述」要求。[60] 為了消除植物育種者和工業發明者之間的不同待遇，美國國會先後通過了《植物專利法》（*Plant Patent Act*）和《植物品種保護法》（*Plant Variety Protection Act*），為植物育種者創造了類似專利的保護制度。[61] 植物育種者的權利得到廣泛承認，《與貿易有關的知識產權協定》第 27 條第 3 款要求「締約方應以專利方式或者一種專門的制度或兩者的結合對植物新品種給予保護」。植物品種保護類似普通專利制度，但兩者並不相同。授予發明專利權和實用新型專利權的條件是新穎性、創造性和實用性。授予品種權的植物新品種應當具備新穎性、特異性、一致性和穩定性。相比而言，獲得植物新品種權的條件比普通發明專利的授權條件寬鬆，不需要創造性 —— 即不要求發明或實用新型有實質特點和顯著進步，也不需要實用性 —— 即不要求該發明或實用新型能夠製造或者使用，並且能夠產生積極效果。授予條件的相對寬鬆導致植物新品種保護的力度也不如普通專利。[62] 如植物新品種保護制度一般規定了研究例外和留種例外，即利用授權活動進行育種或者其他科研活動、農民自繁自用授權品種的繁殖材料。[63]

　　由於植物品種保護制度未能給私人育種者提供強有力的激勵，私人育種者尋求其他的知識產權保護，尤其是普通發明專利制度。[64]

59　參見闕占文：《自我複製技術與專利權用盡原則的適用：以轉基因種子為中心》，載《法學家》2015 年第 2 期。

60　Roger A. McEowen, "Legal Issues Related to the Use and Ownership of Genetically Modified Organisms", (2004) *Washburn Law Journal* 43(3), p. 617.

61　《植物專利法》開創了人類利用專利制度保護植物育種者權利的先河。《植物專利法》僅僅針對無性繁殖的植物，比如通過砍伐或者接枝等不需要種子而生長的植物。《植物專利法》沒有包括試管苗繁殖培育的植物，比如土豆；也不適用於有性繁殖的植物 —— 那些從種子中生長的植物。為了保護有性繁殖植物的育種者，美國國會 1970 年通過《植物品種保護法》（*Plant Variety Protection Act*）。《植物品種保護法》規定農業部頒發證書，授予育種者排除他人銷售、許諾銷售或者複製的權利。*Monsanto v. Byrd*, 2000 U.S. Dist. LEXIS 22793.

62　Daryl Lim, "Self-Replicating Technologies and the Challenge for the Patent and Antitrust Laws", (2013) *Cardozo Arts & Entertainment Law Journal* 32(1).

63　《中華人民共和國植物新品種保護條例》第 10 條規定：「在下列情況下使用授權品種的，可以不經品種權人許可，不向其支付使用費，但是不得侵犯品種權人依照本條例享有的其他權利：（1）利用授權品種進行育種及其他科研活動；（2）農民自繁自用授權品種的繁殖材料。」

64　Julian M. Alston and Raymond J. Venner, "The Effects of the US Plant Variety Protection Act on Wheat Genetic Improvement", http://www.ifpri.org/sites/default/files/publications/eptdp62.pdf，最後訪問日期：2014 年 5 月 4 日。

在 *J.E.M. Ag Supply, Inc. v. Pioneer Hi-Bred International, Inc.* 案中，
美國聯邦最高法院裁定《植物品種保護法》申請人可以通過普通專利
保護無性繁殖植物。[65] 上述判決後，鑒於普通專利可以通過更加強有
力的保護，現代生物技術公司更傾向於普通專利保護。據統計，2004
至 2008 年，孟山都公司持有普通專利佔植物類普通專利的 1/3，但
品種權證書僅僅佔 1/5。[66] 在加拿大，雖然植物和種子不能被授予專利
權，但基因和細胞可以獲得專利權。法院通過「重大或重要標準」將
基因或細胞專利保護延伸到種子或植物，即「基因和細胞專利僅僅是
開始。問題是被告是否使用了這些植物中的受專利保護成分。長期以
來，如果被告的商業活動包括某一物質 —— 其中受專利保護的成分是
重大或重要的組成，存在侵權」。[67]

　　轉基因作物知識產權對種植者或生產者起了重要影響，因為在
通常情況下，只有在獲得專利持有人的許可後才能使用該專利。實際
上，引入環境中的轉基因物體常常逸出指定的環境。當被保護的組織
是種子，而且這些種子出現在沒有種植轉基因作物的農民的土地上，
這些農民沒有向持有專利的公司支付使用費。專利持有人可能起訴損
害專利的行為。這種情況已經在加拿大出現。孟山都公司就因為專利
侵權起訴一個叫斯麥瑟的農民。判決清楚顯示，斯麥瑟有責任向孟山
都公司付費，無論其是否意識到被保護種子的存在。[68]

65　*J.E.M. Ag Supply, Inc. v. Pioneer Hi-Bred Int' l, Inc.*, 534 U.S. 124, 145 (2001).

66　Daryl Lim, "Self-Replicating Technologies and the Challenge for the Patent and Antitrust Laws", (2013)
　　Cardozo Arts & Entertainment Law Journal 32(1).

67　*Monsanto Canada Inc. v. Schmeiser*, [2004] 1 S.C.R. 902, 2004 SCC 34.

68　Philippe Cullet, "Liability and GMOS: Towards a Redress Regime in Biosafety Protocol", (2004)
　　Economic and Political Weekly 39(7), p. 615.

第四節　基因污染致害的特性

　　基因污染所致之損害的特點很大程度上代表著不同學者對轉基因技術的態度，且直接影響著後續風險防控體系與法律救濟制度的搭建，對其進行歸納有助於為研究做好鋪墊，因此也值得重視。通過前述基因污染的發生機理及其可能造成的損害後果的分析，可以發現基因污染所致的損害具有獨特性。

一、多發生於相鄰空間

　　前已述及，基因漂移是轉基因作物基因污染的主要原因，尤其是垂直基因漂移。垂直基因漂移主要通過花粉漂移和個體的移動等方式實現。（1）花粉漂移（pollen flow）。通過花粉粒在不同種群的個體之間移動／轉移基因，這些花粉粒可以使地理上隔離但生殖相容的種群的個體受精。花粉為介導的基因漂移是基因漂移最常見的方式（pollen-mediated gene flow）。[69]（2）個體移動。種子是植物生長的基礎。植物種子可以借助風力和水流、動物的遠距離遷移等方式自然散播，導致基因在作物之間漂移。人類活動，如有意的種子交換和種群交易，也會造成長距離地理區域的基因漂移。[70] 通過種子傳播的基因漂移被認為是決定種群遺傳結構、在破碎化生境中進行殖民、在高度分散的種群中維持連通性的重要因素。[71]

　　花粉在作物之間進行傳播的媒介主要是風、昆蟲等。生物學研究表明，以花粉為介導的基因漂移與植物之間的距離密切相關。受體和花粉源的距離越大，兩者之間發生基因漂移的概率越小。Debalin Sarangi 進行了田間實驗，使用同心供體－受體設計來量化從抗草甘膦到易感普通水麻之間通過花粉介導的基因漂移。結果顯示，花粉介導

69　Norman C. Ellstrand, Loren H. Rieseberg, "When gene flow really matters: gene flow in applied evolutionary biology", (2016) *Evolutionary Applications* 9(7), pp. 833-836.

70　Thomas Bøhn, Denis W. Aheto, Felix S. Mwangala, Klara Fischer, Inger Louise Bones, Christopher Simoloka et al., "Pollen-mediated gene flow and seed exchange in small-scale Zambian maize farming, implications for biosafety assessment", (2016) *Scientific Reports* 6(1), p. 34483.

71　Cecile F. Bacles, Andrew J. Lowe, Richard A. Ennos, "Effective seed dispersal across a fragmented landscape", (2006) *Science* 311(5761), p. 628-628.

的基因漂移與花粉源的距離少於 3 米時下降了 50%，如果兩者之間的距離長達 88 米，基因漂移下降 90%。[72] 需要注意的是，不同植物品種的花粉傳播模式在不同地點發生基因漂移的情況存在差異。在給定的距離內產生的馬齒莧種子的平均數量在不同地點之間有 2 倍的差異，而茄子果實產量與距離之間的關係的斜率在不同地點之間有 4 倍的差異。因此，植物物種適應氣候變化和其他選擇壓力的能力可能與基於單一地點的花粉傳播模式的預測不同。[73] 另一項獨立的研究確定，棉花的花粉流隨著距離的增加而呈指數下降。以意大利蜜蜂為主要授粉者時，距離在 0.3 米時的漂移率為 7.65%，在 9 米以外為 <1%，在 1.6 公里距離上檢測到 0.04% 的花粉介導的基因漂移。[74]

這種空間上的近距離使得基因污染可以納入私法上的相鄰關係範疇。相鄰關係傳統上限於物理空間上相鄰的不動產。現代物權法上，所謂相鄰土地不需要地理上緊密相連，而應結合損害後果判斷雙方可否構成相鄰關係。[75] 誠如謝在全先生所言，「氣響或不可量物不以發生於相鄰接之土地者為限，舉凡侵入物所從生之土地，均包括在內」。[76]

二、被侵權人常是侵權人

傳統的損害場景中，侵權人和被侵權人通常是對立的，即一方的行為侵害了另一方的權益。這種身份是固定的，被侵權人不會成為法律意義上的侵權人。[77] 然而，轉基因作物基因污染中的侵權人和被侵權人是相互的。換言之，行為人既是侵權人，又是被侵權人。

從財產權角度看，轉基因作物中的外源基因通過風媒或蟲媒進入非轉基因作物個體中，污染了這些物種的基因組。種植或經營這些作物及其產品的自然人或組織無法使用有機標識或者無法出口到特定

72　Debalin Sarangi, Andrew J. Tyre, Eric L. Patterson et al., "Pollen-mediated gene flow from glyphosate-resistant common waterhemp (Amaranthus rudis Sauer): consequences for the dispersal of resistance genes", (2017) *Scientific Reports* 7(1), p. 44913. https://doi.org/10.1038/srep44913.

73　Chelsea L. Butcher, Berish Y. Rubin, Sylvia L. Anderson, James D. Lewis, "Pollen dispersal patterns differ among sites for a wind-pollinated species and an insect-pollinated species", (2020) *American Journal of Botany* 107(11), pp. 1504-1517.

74　A. E. Van Deynze, F. J. Sundstrom, K. J. Bradford, "Pollen-mediated gene flow in California cotton depends on pollinator activity", (2005) *Crop Science* 45(4), pp. 1565-1570.

75　【德】曼弗雷德・沃爾夫著，吳越、李大雪譯：《物權法》（北京：法律出版社 2002 年版），第 171 頁。

76　謝在全：《民法物權論》（上冊）（台北：三民書局 2004 年版），第 299 頁。

77　如果被侵權人對於損害有過錯，可以減輕或免除侵權人的責任，但是並沒有改變侵權人和被侵權人的身份。

國家或地區，遭受巨大的經濟損失。在這個意義上，種植和經營非轉基因作物的自然人或組織是被侵權人，向環境釋放外源基因的自然人或組織是侵權人。另一方面，從知識產權視角分析，侵權人和被侵權人的身份發生了轉換。從事轉基因作物研究和開發的公司為其智力成果申請專利或其他知識產權，享有知識產權。除法定原因外，其他人未經許可不得實施其知識產權。當受到專利保護的基因進入非轉基因作物的基因組時，種植這些非轉基因作物的農民可能被視為實施了專利，侵害了專利權。此時，農民變成了侵權人，研究和開發轉基因作物的公司變成了被侵權人。

三、致害機理複雜

有關轉基因作物基因污染，已經開展了比較多的科學研究，但是基因污染所致損害仍舊非常複雜，因為基因漂移是植物的自然屬性，基因污染所致損害結果往往是規制不同步造成的。

首先，基因漂移是自然現象，作物之間在自然條件下亦會發生基因漂移。即使非轉基因作物種植者沒有主動獲取專利保護的基因，風媒或蟲媒在傳播花粉時將基因引入。在此背景下，如何解釋專利侵權中的「侵權行為」？責任是不履行法律義務的後果。侵權責任是行為人違反法定或約定義務，其要件包括行為、損害後果、因果關係和過錯。自然原因造成的損害，往往可以歸入不可抗力範疇，難以成為追究法律責任的理據。[78]

而且，與一般的專利侵權不同的是，基因污染的受體是具有自我複製能力的作物。換言之，作物中出現的抗性基因可以從親代遺傳至後代。這對於專利侵權的「使用／製造二分法」提出了挑戰。專利權人擁有的是一束權利群，包括製造權、使用權、許諾銷售權、銷售權和進口權等。[79] 這些權利不互相排斥，但相互獨立。專利權人可以轉讓全部權利或者通過銷售／許可的方式讓渡部分權利。專利權能的可分割性，尤其是製造權和使用權的區分，成為專利權用盡的基礎。專利產品或依照專利方法直接獲得的產品被合法投入流通領域後，專利權人對產品的使用和銷售控制均告喪失，可是，產品的購買者沒有獲得製造產品的權利。製造權和排除他人製造的權利屬專利權人，只有專

---

78 如《民法典》第 180 條規定，因不可抗力不能履行民事義務的，不承擔民事責任。法律另有規定的，依照其規定。不可抗力是不能預見、不能避免且不能克服的客觀情況。

79 Zachary Loney, "Bowman's Beanstalk: Patent Exhaustion in Self-Replicating Technologies", (2013) *Vanderbilt Journal Entertainment and Technology Law* 15(4), p. 949.

利本身被轉讓時才用盡。我國法院也認可這一區分。[80] 在一般的技術領域，使用和製造是不同的概念。使用是「使人員、器物、資金等為某種目的服務」，製造則是「用人工使原材料成為可供使用的物品」。[81] 人們通常不會混淆使用電視機和製造電視機。可是，種子的使用和製造卻不是那麼涇渭分明。種子可以直接用作或被加工成食品、飼料或者藥材，此類使用不會製造新種子。另一方面，種子是農作物和林木的種植材料或者繁殖材料。就生物特性而言，種子存在的首要意義是自我複製，不但易於自我複製而且形式豐富多樣。可能除了某些計算機程序具備自我複製功能之外，絕大部分技術一般都不像有機生物那樣進行自我複製。

其次，世界各國對於轉基因作物及其產品的規制立場不同。如下文所述，有的國家要求生產者和經營者採取非常嚴格的隔離和追溯制度，並且制定了嚴格的標識制度，要求超過法定閾值的轉基因食品必須標識。有的國家或地區對轉基因作物及其產品採取了比較寬鬆的態度，沒有強制性標識要求。即使對於設定強制性標識的國家，強制性標識的閾值也不相同。由此，基因污染所致損害可能因為產品出口地的規則差異而不同。[82] 出口至將轉基因作物及其產品等同視之的國家或地區，基因污染可能不會給生產經營者造成嚴重的損害，甚至可能沒有損失；反過來，如果產品出口至嚴格規制的國家或地區，生產經營者遭受的出口損失可能非常巨大。源於規制不同步的損害後果使得損害的可預期性存在不確定性，引起法律責任的爭議。

80　濟南市中級人民法院在鞠愛軍與山東武城古貝春集團公司外觀設計專利侵權糾紛上訴案中指出，「『專利權人製造或者經專利權人許可製造的專利產品售出後，使用或者銷售該產品的，不構成侵權』是指：在專利產品合法的投入市場後，任何人買到了這種產品，無論是自己使用還是再次銷售，都無須徵得專利權人的同意，即所謂的專利權人的權利用盡原則……這裡的使用僅就產品功能本身的發揮而言，對於回收與此種設計相同或近似的酒瓶並作為自己同類酒產品的包裝物，以生產經營為目的的生產銷售行為，已突破了專利產品合法購入者使用的內涵，成了一種變相生產製造外觀設計專利產品的行為」。

81　《現代漢語詞典》（北京：商務印書館 2002 年版），第 1140、1622 頁。

82　徐麗麗、李寧、田志宏：《轉基因產品低水平混雜問題研究》，載《中國農業大學學報》（社科版）2012 年第 2 期。

第二章

基因污染
風險規制
理念演進

　　風險規制的理念和模式與宗教文化、法治傳統、科學技術發展水平、社會經濟發展階段密切相關。針對基因污染風險，比較法上的規制理念和模式存在差異。同一國家或地區在不同時期的風險規制理念亦可能發生變化。因此，必須從歷史和比較法等不同維度檢視基因污染風險規制，從而形成適合本國或本地區實際需求的規制理念與模式。

第一節　早期的科學家自我規制

　　風險規制與科學技術的發展息息相關。一方面，新興科學技術不同於傳統科學技術，使得調整傳統科學技術的法律規範面臨挑戰。隨著法律規範的重新解釋或者新的法律規範的出現，新興科學技術從最初處在法律的調整範圍之外慢慢成為法律的作用對象。核能、信息技術、基因技術都是此類技術。另一方面，科學技術的發展有助於法律的生成與實施，如遙感監測技術使得執法者可以遠距離監測，便利法律執行。

一、阿西洛馬會議

　　上世紀 50 年代，美國分子生物研究突飛猛進，詹姆斯·沃特森（James Watson）等發現了 DNA 雙螺旋結構，哈米爾頓 O. 史密斯等發現了限制酶。這些研究不僅推動了分子生物學研究，也意味著令人激動的商業前景。然而，現代生物技術產品是否存在潛在的風險，是否比使用傳統方法取得的產品帶來更大的風險？[1] 一些分子生物學家注意到現代生物技術產品可能帶來的風險，呼籲暫停某些類型的基因重組實驗，直到採取更合適的風險控制措施為止。1973 年 7 月召開的核酸研究會議，與會者向美國國家科學院醫學研究所所長致公開信，請求建立委員會考慮這些風險，並召開國際會議。1975 年 2 月 24 至 27 日，來自世界各國的分子生物學家、新聞記者、律師和政府官員等 150 餘名代表相聚美國阿西洛馬，討論是否終止自願暫停倡議，以及如果終止，在什麼條件下保證相關的實驗應用安全進行。[2] 會議發佈了一份總結聲明。總結聲明指出，應該繼續進行重組 DNA 研究，但應列出適當的保障措施。具體的保障措施包括：（1）通過無法在自然環境中生存的快速細菌宿主和不可傳播的、同樣快速的載體等生物手段。（2）將風險分為低風險、中風險和高風險，分別採取穿上實驗服

1　*Coordinate Framework for Regulation of Biotechnology*, 51 FR 23302, p. 3.
2　李建軍、唐冠男：《阿希洛馬會議：以預警性思考應對重組 DNA 技術潛在風險》，載《科學與社會》2013 年第 2 期。

或者配有氣密門等控制措施。而且，強調正確的實驗室程序和對員工的教育，以及不斷的重新評估以納入新的知識，將使人類在新時代的風險降到最低。[3]

二、《重組 DNA 分子研究指南》

在阿西洛馬會議成果基礎上，美國國立衛生研究院（National Institute of Health，NIH）1976 年 6 月發佈《重組 DNA 分子研究指南》。這是世界上第一個生物技術安全管理規定。《重組 DNA 分子研究指南》區分不能進行的實驗和採取控制措施時可以開展的實驗，對不同類型的風險採取相應的控制措施。《重組 DNA 分子研究指南》主體包括四個部分：介紹、控制措施、實驗指南、角色與職責。[4]《重組 DNA 分子研究指南》更多地從技術和安全角度考慮轉基因技術。指南區分了所有實驗室都應採取的標準控制措施，以及針對重組 DNA 技術需要採取的特殊控制程序與方法。指南將相應的風險分為四個等級：沒有風險、很少有風險、與風險有關、可能造成人類疾病，並據此將相應的風險控制措施分為四個等級：P1、P2、P3 和 P4。[5]

《重組 DNA 分子研究指南》突出了科學家團體的自我規制以及以物理限制手段為主的規制模式（biological containment）。首先，《重組 DNA 分子研究指南》由美國國立衛生研究院發佈，該研究院是接受公共預算資助的研究機構，通過向申請者撥付經費，支持前沿研究。指南只適用於接受美國國立衛生研究院資助的項目。換言之，沒有接受美國國立衛生研究院資助的項目，不受指南約束。嚴格地講，指南只是構成美國國立衛生研究院和申請美國國立衛生研究院資金的研究人員之間的協議。另一方面，起草《重組 DNA 分子研究指南》時，科學家共同體有責任公開處理重組 DNA 的所有潛在風險，呼籲自我禁止實施某些實驗，以便評估風險和制定相應的指南。《重組 DNA 分子研究指南》有關「角色和責任」的章節明確規定，接受資助的項目負責人和單位承擔風險評估和管理的主要責任。此外，單位還要設立生物風險委員會（biohazard committee），發佈建議和制定安全指南。美國國立衛生研究院設立評審工作組和委員會，主要職責是評估申請項目的風險以及擬採取控制措施的合適度。[6]

3　*Summary Statement of the Asilomar Conference on Recombinant DNA molecules.*

4　NIH, *Guidelines for Research Involving Recombinant DNA Molecules*, 41 FR 27902.

5　Ibid.

6　Ibid.

三、反思科學家自我規制

科學家自我規制模式反映了利益和風險的不對稱，亦顯示了科學家團體對外在限制的排斥。

首先，科學家群體將重組 DNA 技術等視為「革命性的突破」，強調這些技術對人類生命和社會有重大的、深刻的影響，凸顯其積極意義。但是，科學家對重組 DNA 技術帶來的風險卻輕描淡寫。而且，科學家群體往往使用技術上的規範語言描述風險，把技術治理視為治理的方法，有意或無意地弱化風險。在現代生物技術發展初期階段，科學家關於風險的描述極大影響了公眾的風險認知和感受。本質上，如何規制技術，前提在於如何構想技術。可以說，科學家前期關於重組 DNA 技術的敘事是成功的，使得該技術沒有遭到公眾的關切，但是此後爆發的轉基因技術事件和爭議也導致公眾對於科學家群體的不信任。

其次，在 1973 年阿西洛馬會議上，各方意識到現代生物技術可能存在的風險，但是對於風險規制進路存在分歧。發現 DNA 雙螺旋結構的詹姆斯·沃特森認為，公眾對於實驗室環境與安全規則之間的空白存在擔憂，不存在任何規制幻想，繼而強調科學家自我規制。因為科學家團體的自我規制不僅反映了科學家的責任感，也表明這些風險是技術性的、小範圍的、可控的。不過，科學家關於重組 DNA 技術的控制手段經歷從物理控制措施到生物控制措施的變化。《重組 DNA 分子研究指南》主要關注物理控制措施。然而，基於物理控制措施面臨兩個主要的反對意見：（1）單位內外的專家可能低估特定實驗的風險，因此無法將風險置於足夠的限制措施中；（2）研究人員可能違反規則。針對這些質疑，強調防治潛在危險生物逃逸的生物學上限制（biological containment）的理念，成為第二次阿西洛馬會議的基石。生物學上的限制措施不同於物理上的限制。結果，生物學上限制成為治理範式，而不僅僅是一項特定的工具或者技術。生物學上的限制作為治理模式是政治實踐的一種模式。在這種模式中，生物技術帶來的風險圖景在範圍上被限縮，從而使他們可以接受技術評估和救濟。因為風險分析的範圍被限縮了，它的全部指令的範圍被拉長了。但是，這種安排並非不可避免的、或者預先安排的，它建立在管轄關係上，本身就是生物技術早期的一種政治成就。[7]

7　J. Benjamin Hurlbut, "Laws of Containment: Control without Limits in the New Biology", in Irus Braverman ed., *Gene Editing, Law, and the Environment* (Abingdon, Oxon: Routledge, 2018), pp. 77-94.

第二節 轉基因植物的規制理念

《重組 DNA 分子研究指南》公佈 10 年後，基因技術突飛猛進，其在農業、環境保護、醫藥衛生等領域的應用日益明確。問題在於，基因技術在這些領域的應用面臨什麼樣的法律規制？既有的法律規制框架是否足以回應？對於志在加強基因技術研究和開發的公司或其他機構而言，法律不確定性增加了研發投入的風險。對於消費者和公眾而言，法律不確定性意味著這些產品處於「法外之地」，其可能造成的健康或者環境風險無法得到有效規控。而且，農業部門、環保部門和食藥部門對於基因技術的態度和立場也不相同。由此，早期由科研機構自我規制的模式被視為無法有效因應風險，需要考慮評估基因技術的規制框架，明確相應的規制政策。

一、實質等同

（一）實質等同理念的形成

在此背景下，美國白宮於 1984 年成立一個工作組，其職責包括以下事項：（1）審查已適用於實行商業化的生物技術的規制要求；（2）確定可能適用於生物技術的現有法律和法規；（3）審查國家衛生研究院重組 DNA 諮詢委員會的職能及其在生物技術商業化和安全監管中的作用；（4）闡明擁有新產品的公司為滿足聯邦健康和安全要求必須遵守的規制途徑；（5）確定目前的規制要求和聯邦審查對新產品來說是否足夠；（6）為行政或立法行動制定具體建議，以便在必要時提供額外的規制審查，同時保持靈活性以適應新的發展；（7）評估法院對生物技術專利授予的裁決；（8）評估其他聯邦行動，如對基礎研究和培訓的支持、美國專利和貿易法，以及其他影響商業化和美國相對於國際公司的競爭地位的政策問題。[8] 工作組在考慮美國現代生物技術的規制政策時，並不是完全基於科學考量，國際貿易和其他社會因素亦在考慮之列。工作組試圖平衡安全和發展價值，即充分規制以確保人類健康和生態環境，同時維持充分的規制靈活性，避免損害新興

8　*Proposal for a Coordinated Framework for Regulation of Biotechnology*, 49 FR 50856, p.4, 5.

產業發展。工作組認為總體上，現行的法律足以滿足規範需要。對於某些微生物，在現行法規內，需要額外的規範要求。另一方面，相比制定新法，現行的健康和安全法律的優勢在於能立即為行業提供規範保護和確定性。而且，似乎沒有替代的單一、法定的方法，因為基因工程所獲得產品非常廣泛，涉及不同機構所規範的眾多產品。[9] 1986年正式發佈的《生物技術規範協調框架》（*Coordinate Framework for Regulation of Biotechnology*）重申了安全與發展兩個價值，並基於此建立了分別由農業部、環境保護署、食品藥品監督管理局等聯邦機構按照相關法律進行規制的框架。換言之，用較新的技術製造食品、開發新藥、醫療器械、生物製品以及殺蟲劑，將由美國食品和藥物管理局、美國農業部和美國環保署按照以與用其他技術獲得的產品基本相同的方式進行安全和功效審查。被推向市場的新產品一般須符合這些機構的審查和批准制度。[10] 這一規制政策被稱之為「放任策略（permissive strategy）」。[11]

上述規制理念背後的邏輯是現代生物技術產品和傳統產品的認知比較。如果兩種產品的構成或者特點相似，應該置於相似的規制框架中。這種規制理念常常被稱為「實質等同（substantial equivalence）」，並對應以產品為基礎的規制模式。這些規制模式重心在於新的植物品種，而不是研發這些品種的方法或過程。這種規制模式認為，任何風險都與最終的植物產品具體相關，而不是與生產轉基因植物的技術相關。同樣，任何健康或環境問題都被認為是由最終產品而非基因工程技術引起的。美國食品藥品監督管理局在其《關於新植物品種食品的政策聲明》指出，如何規制某一食品，關鍵之處在於食品的組成部分、客觀特徵以及預定用途。食品研製或加工的方法在某些情況下可能有助於我們理解食品的安全或營養特徵，然而食品安全評估關注的核心內容是其特徵，而不是新方法。[12] 實質等同的確立本身並不是一種安全評價，但當一種新食品與傳統的參照物之間確立了實質上的等同性時，就確立了該食品的安全性，不需要進一步的安全考慮。

9　*Coordinate Framework for Regulation of Biotechnology*, 51 FR 23302, p. 3.

10　National Academies of Sciences, Engineering, and Medicine, *Genetically Engineered Crops: Experiences and Prospects* (Washington, DC: The National Academies Press, 2016), p. 467.

11　Kim JoDene Donat, "Engineering Akerlof Lemons: Information Asymmetry, Externalities, and Marketing Intervention in the Genetically Modified Food Market", (2003) *Minnesota Journal of Global Trade* 12(2), p. 417, 427. Robert L. Paarlberg, *Governing the GM Crop Revolution: Policy Choices for Developing Countries* (Washington, DC: International Food Policy Research Institute, 2000).

12　57 FR 22984, p. 4.

（二）實質等同觀念的形成背景

針對轉基因植物規制，選擇實質等同規制理念有尊崇科學、現代生物技術的發展、國際貿易規則等幾個主要原因。

首先，尊崇科學是美國比較主流的觀念。科學判斷通過數據調查、溝通和同行評審等方式形成。科學被視為是一個持續發現的過程。科學往往被認為是客觀的，可以通過實驗等方式證偽。[13] 科學技術進步有利於社會發展，不能僅僅因為沒有根據的懷疑害怕或拒絕新技術，應該積極通過科學技術手段謀求更好的生活。[14]

其次，有關現代生物技術的科學判斷。當時各國科學家對於現代生物技術的風險評判亦是重要理由。「雖然 rDNA 技術可能會生產出在自然界中無法觀察到的組合性狀的生物體，但與傳統技術相比，rDNA 技術帶來的遺傳變化往往具有更強的可預測性，因為 rDNA 技術具有更高的精確度。預計與 rDNA 生物體的應用相關的任何風險都可以用與非 rDNA 生物體相關的一般相同的方式進行評估。」[15] 美國食品藥品監督管理局雖然承認基因技術可能帶來一些潛在風險，如非標靶效應、已知的毒性、過敏反應，但是基因修飾技術可能以比較安全的方式改變食物。

再者，這也與美國行政法上的規制要求有關。根據美國《行政程序法》，管制規則必須建立在明確的政策依據、科學風險依據及法律的有效權威之上。該規則不但要應對法律的頻繁審查，還要經得起美國法律體系為產品安全問題所建立的種種責任法規的考驗。所有這些因素，都促使規則制定者和產業界傾向於這種與科學證據緊密捆綁在一起的政策路徑。[16]

最後，國際貿易協定亦發揮了重要作用。《關稅貿易總協定》和《世界貿易組織協定》等國際貿易協定消除關稅和非關稅貿易壁壘，建立公平、透明和便利的國際貿易秩序。以產品為基礎的規制模式更符合多邊貿易規則，避免了因基於特定基因技術工藝產生貿易限制的風險。

除美國外，加拿大、阿根廷、俄羅斯和智利使用基於產品的規制

13　Holly Doremus, "Listing Decisions Under the Endangered Species Act: Why Better Science Isn't Always Better Policy", (1997) *Washington University Law Quarterly* 75(3), p. 1029.

14　John S. Applegate, "The Prometheus Principle: Using the Precautionary Principle to Harmonize the Regulation of Genetically Modified Organisms", (2001) *Indiana Journal Global Legal Studies* 9(1), p. 207, 232.

15　Anon, *Recombinant DNA Safety Considerations* (Paris: OECD, 1986).

16　【瑞士】托馬斯·伯納爾著，王大明、劉彬譯：《基因、貿易和管制：食品生物技術衝突的根源》（北京：科學出版社 2011 年版），第 64 頁。

模式來控制轉基因作物。以產品為基礎的規制為轉基因產品的生產和銷售提供了更為寬鬆的環境，使得美國、阿根廷等國成為全球轉基因作物種植和轉基因產品銷售的領先者。截至 2020 年，美國已有 128 種轉基因植物品種獲得了非規制地位，因為它們不包含來自「植物害蟲」的外來 DNA，包括細菌、真菌、病毒、昆蟲等。[17]

二、風險預防

在美國的規制理念，只有在危險是清晰的、即刻的和科學知道的情況下才對研究予以合法限制。這個原則的效果就是排除任何「設想的風險」，這種方法也被稱為「正確的科學基礎上的規制（sound-science based regulation）」。這種思路不同於基於風險預防進行的轉基因生物規制。

（一）風險預防理念的出現

風險預防的思想很早就出現。[18] 法律上的風險預防原則（precautionary principle）卻是 20 世紀 70 年代的產物。在德國，風險預防原則（Vorsorgeprinzip）可以追溯到 1970 年的一個保障清潔空氣的法案，該法案涵蓋所有潛在的空氣污染、噪音、震動和類似活動等。德國環境政策中的風險預防原則隨後得到明確，「對後代的責任要求維護生命的自然資源基礎，必須避免不可逆損害，比如森林消失」。[19] 20 世紀 70 年代後期的海洋污染北海部長會議，使風險預防原則進入國際舞台。那時，控制海洋污染的主要方法取決於海洋環境同行的科學能力。如果缺乏特定排放造成損害的科學證據時，就沒有普遍承認的控制基礎。第二次北海會議的《部長最後聲明》提出了風險預防原則的早期模式：「為了保護北海免遭許多危險物質的潛在損害，承認風險預防方法是必須的，這要求在沒有絕對清楚的科學證據證明因果關係時，也可以採取措施控制此類物質的排放。」

此後，風險預防理念漸入人心。很多國際環境法文件，無論是具有法律約束力的文件還是不具有法律約束力的文件，都確認了這一原則。1992 年《里約環境與發展宣言》（*Rio Declaration on Environment*

---

17 USDA APHIS(2020), Petitions for Determination of Nonregulated Status, https://www.aphis.usda.gov/aphis/ourfocus/biotechnology/permits-notifications-petitions/petitions/petition-status, October 22, 2020.

18 John Snow 醫生在 1854 年就建議拆除倫敦水泵把手，以停止霍亂流行。

19 COMEST, *Precautionary principle* (UNESCO, 2005), p. 9.

and Development，以下簡稱《里約宣言》）原則 15 指出，「為了保護環境，各國應根據它們的能力廣泛採取預防性措施。凡有可能造成嚴重的或不可挽回的損害的地方，不能把缺乏充分的科學肯定性作為推遲採取防止環境退化的費用低廉的措施的理由」。雖然風險預防原則的國際法地位仍存在爭議，有國家或學者主張風險預防原則構成習慣國際法，亦有學者或國家認為風險預防只是一個理念、方法，尚未構成具有法律約束力的規範。[20] 可以肯定的是，風險預防原則是歐盟一項一般性原則，並特別適用於保護環境和人類、動植物的健康領域中。該原則明顯體現在《馬斯特里赫特條約》中：「鑒於共同體各地區多樣化的情況，共同體的環境政策應以大力保護環境為目標，並以風險預防原則和採取預防行動、環境損害應首先從根源上矯正以及污染者應負擔等原則為基礎。」根據該條約的其他相關條款，在其他相關領域，歐盟也同樣適用風險預防原則。在有關判例中，例如關於禁止英國出口牛肉以降低瘋牛病傳播風險的禁令，關於保護消費者健康的判決等，均將預防原則作為裁判理由。[21]

由於西歐在上世紀末接連遭受了瘋牛病、二噁英污染等多個公共健康危機事件的衝擊，人們對科學的確定性、權威性以及人類控制科技產物的能力產生了極大的懷疑，而政府對此類突發事件的草率判斷和不當處理也加劇了公眾對轉基因食品的憂慮。有關機構進行的一項國際民意調查顯示，大多數歐洲消費者對轉基因技術的安全性持懷疑態度，對轉基因食品持排斥態度。[22] 另一方面，按照歐洲宗教的理念，人類就應該在原始狀態生活，不需要任何的技術干預，因此對於傳統食物進行轉基因實驗是違背宗教教義的。例如，部分宗教組織認為「物種」是「上帝」創造的，人類不應該干涉「上帝」的工作，因此對於傳統食品的基因修飾是不可接受的。同時以「綠色和平組織」為代表的環保主義勢力在歐洲政壇崛起，勢力不斷擴大，對決策過程施加著越來越大的影響。[23]

20　世界貿易組織上訴機構在 *EC-Hormones* 案中認為風險預防原則在國際法上的地位存在爭議，Appellate Body Report, *EC-Hormones*, paras. 123-124.

21　薛達元主編：《轉基因生物安全與管理》（北京：科學出版社 2009 年版），第 184 頁。

22　王明遠：《轉基因生物安全法研究》（北京：北京大學出版社 2010 年版），第 145 頁。

23　秦天寶、向文：《歐盟轉基因食品法律制度的背景探析》，載《河海大學學報》（哲學社會科學版），2008 年第 3 期。

（二）風險預防與轉基因技術規制

由此，在轉基因生物領域，歐盟及其成員國確認了風險預防原則的使用。[24] 歐洲共同體理事會 1990 年 4 月 23 日頒佈的《關於轉基因微生物封閉使用的指令》（*Council Directive 90/219/EEC of 23 April 1990 on the contained use of genetically modified micro-organisms*）確認，「根據條約，共同體採取的環境措施必須根據這個原則 —— 採取預防措施並將維護、保護和改善環境及保護人類健康設為目標」。[25] 歐洲共同體理事會同日通過的《關於故意向環境中釋放轉基因生物的指令》（*Council Directive of 23 April 1990 on the deliberate release into the environment of genetically modified organisms*）序言也確認，「根據條約，共同體採取的措施必須依據預防措施的原則」。[26]

在 1999 年的歐盟理事會第 2194 次會議上，丹麥、希臘、法國、意大利和盧森堡五國代表共同聲明，暫停批准新的轉基因生物申請。「以下成員國政府在行使關於轉基因生物種植和投放市場的權力，考慮到需要實施更嚴格、更透明的框架，尤其是風險評估、歐洲生態系統的特點、監測和標識，考慮到需要恢復公眾和市場信心，指出委員會毫不遲延地提交轉基因生物及其產品的標識和可追溯性的規則（草案）的重要性，聲明在通過這些規則前，依據防止和風險預防原則，他們將採取措施，暫停批准任何新的種植和投放市場許可。」[27] 同次會議上，奧地利、比利時、芬蘭、德國、荷蘭、西班牙和瑞士等七國也共同聲明，在處理轉基因生物的市場投放申請和批准時，將採取徹底的風險預防方法。[28]《關於故意向環境中釋放轉基因生物的指令》（2001/18/EC 號指令）特別指出，「風險預防原則在起草本指令時被認真考慮，並且在執行本指令時也應考慮」。並要求「各成員根據風險預防原則，確保採取所有合適措施，避免故意釋放、銷售或者處置轉基因生物可能產生的健康和環境不利影響」。[29] 歐盟關於轉基因生物越

---

24 有學者認為歐盟在轉基因生物領域採納風險預防原則，還有經濟和產業發展的考慮。筆者認為，歐盟早就確立了轉基因生物的風險預防原則，而非在生物技術產業化之後才採納。所以，生物技術的產業考慮只能說明歐盟為什麼堅持風險預防，不是確立風險預防的理由。

25 *Official Journal of the European Communities No. L117*, Vol. 33 of 8 May 1990, pp. 1-14.

26 Ibid, pp. 15-27.

27 Declaration by the Danish, Greek, French, Italian and Luxembourg delegations concerning the suspension of new GMO authorizations, 2194th Council Meeting - Environment, Luxembourg, 24/25 June 1999. Exhibits US-76 and 77; Exhibit CDA-3; Exhibit ARG-12.

28 Declaration by the Austrian, Belgian, Finnish, German, Netherlands, Spanish and Swedish delegations, 2194th Council Meeting - Environment, Luxembourg, 24/25 June 1999. Exhibits US-76 and -77; CDA-3; ARG-12.

29 Article 4 of Directive 2001/18/EC.

境轉移的法規、關於轉基因食品和食品成分標識和可追溯性的法規，也貫徹了風險預防原則。歐盟各成員國有關轉基因生物的立法亦明確了風險預防原則，如《德國基因技術法》特別強調了風險預防原則，將基因改造生物分成沒有風險、輕微風險、適量風險和高度風險四個等級，並根據研究和商業目的利用情形，分別採取相應風險評估和風險控制措施。[30]

　　基於風險預防，歐盟對轉基因生物一直採取基於過程的規制（process-based regulation）。在這種監管方式下，重視轉基因生物產生的過程，而不是它們所表達的性狀。而且，2015 年，歐盟修改《關於故意向環境中釋放轉基因生物的指令》，允許成員國採取保障措施，即成員國可以選擇「暫時限制或禁止該轉基因生物在其領土上作為產品使用和／或銷售」。因此，如果歐盟機構批准了某種轉基因作物的栽培，第 23 條使成員國能夠限制或禁止該轉基因作物在其全部或部分領土上的栽培。自 2015 年引入保障條款以來，一些歐盟國家或地區已經禁止種植轉基因作物，形成了事實上的禁止種植。[31] 在過去25 年裡，歐盟批准種植的兩個品種，但只有一個品種，即抗蟲玉米（MON810）在西班牙和葡萄牙常規種植。

　　澳大利亞等國亦遵循風險預防的規制理念。澳大利亞《環境保護和生物多樣性維護法》（*Environment Protection and Biodiversity Conservation Act*）規定，「風險預防原則指當存在嚴重或不可逆轉的環境風險時，缺少充分的科學確定性不應成為採取阻止環境退化措施的理由」。[32] 該法還要求環境保護部門在決策時考慮風險預防原則。在起草《基因技術法》時，澳大利亞參議院的一個委員會反對《環境保護和生物多樣性維護法》的方法，原因是這種方法太過嚴格。[33] 經過廣泛討論後，《基因技術法》仿照《里約宣言》，明確指出，當存在嚴重或不可逆轉的環境損害威脅時，缺少充分的科學確定性不能成為推遲採取防止環境退化、符合成本效益措施的理由。但《基因技術法》並沒有遵照《環境保護和生物多樣性維護法》的方法，規定風險預防的定義。而且，《基因技術法》的條款並未要求在風險評估和管理過程中必須考慮風險預防，也不是基因技術監管專員的自由裁量事項。而

30　王康：《歐美基因污染損害防範的法律經驗及其借鑒》，載《蘭州學刊》2016 年第 6 期。

31　Luca Lombardo, and Maria Stella Grando, "Genetically modified plants for nutritionally improved food: a promise kept?" (2020) *Food Reviews International* 36(1), pp. 58-76.

32　*Environment Protection and Biodiversity Conservation Act*, s.391.

33　Annette Weier & Paul Loke, *Precaution and the Precautionary Principle: two Australian case studies*, at http://www.pc.gov.au/, last visited August 16, 2019.

且，此中的風險預防也未包括生態可持續發展的內容。[34]基因技術監管專員將《基因技術法》的風險預防條款解釋為「在缺少充分科學依據時採取保護措施以謹慎和正確應對的」義務。在實踐中，這包括：（1）推遲轉基因生物許可或者附加保護措施的許可，但保護措施的程度取決於風險的程度和不確定性。為了獲得更多信息，以減少不確定性，常常採取逐步審查的方法；（2）當活動可能導致不利後果方面存在不確定性時，採取謹慎的方法評估和管理風險；（3）處理可能影響基因技術監管專員作出決策或者影響公眾信心的不確定淵源。[35]

---

34 Ibid.

35 2005 年，一個獨立審查《基因技術法》的機構重新評估風險預防。一些提案表達對基因技術監管專員運用風險預防的不滿，主張更加嚴格地執行風險預防原則。一個成員認為，《基因技術法》中的風險預防是「最後一刻妥協，無法發揮作用」，僅僅是個「空架勢」。其他人則認為《基因技術法》在《里約宣言》中納入成本效率考慮與該法的適用範圍不一致，因為該法排除了社會和風險考慮。但是，該小組卻認為目前的風險預防條款是合適的。Annette Weier and Paul Loke, *Precaution and the Precautionary Principle: two Australian case studies*, at http://www.pc.gov.au/, last visited August 16, 2019.

第三節　轉基因植物規制的衝突：世界貿易組織爭端

　　美國、加拿大和阿根廷指責歐共體 1999 年 6 月至 2003 年 8 月間已經對生物技術產品的申請採取了一般性禁止（general moratorium）。與歐共體根據 WTO《關於爭端解決規則與程序的諒解》磋商無果後，美國等於 2003 年提出設立專家組，要求專家組依據《實施衛生與植物衛生措施協定》第 11 條第 1 款、GATT 第 22 條第 1 款、《技術性貿易壁壘協定》第 14 條第 1 款審查歐共體及其成員採取的有關生物技術產品的措施。雙方的爭議包括歐共體有沒有對生物技術產品採取一般性禁止的事實、程序上是否符合《關於爭端解決規則與程序的諒解》第 6 條第 2 款、風險預防原則、歐共體措施與《實施衛生與植物衛生措施協定》等。

一、風險預防的法律地位

　　歐共體主張專家組應採取與相關的國際法規則一致的原則解釋 WTO 規則，即《生物多樣性公約》、《生物安全議定書》和風險預防原則。理由是：（1）1969 年《維也納條約法公約》要求按照相關國際法規則解釋，而上訴機構在 *US-Shrimp* 案中適用了爭端各方並非締約方的公約，《生物安全議定書》與 WTO 規則並不衝突；（2）風險預防原則是一般國際法（general international law）。美國等起訴方表示反對風險預防原則的適用，理由是：（1）依據 1969 年《維也納條約法公約》第 31 條，只有爭端各方也是締約方的條約才能在 WTO 爭端中適用，而美國不是締約方；（2）風險預防原則不是一般國際法。

　　專家組認為：（1）1969 年《維也納條約法公約》第 31（3）（c）項「適用於當事國間關係之任何有關國際法規則（any relevant rules of international law applicable in the relations between the parties）」中「國際法規則」包括條約、習慣和一般國際法原則；對比第 31（2）（a）中的「全體當事國（all the parties）」和第 31（2）（b）中的「一個以上當事國（one or more parties）」，「當事國（parties）」僅僅指「已經生效的條約的締約方」；（2）因為美國不是《生物多樣性公約》的締約方，美國、加拿大和阿根廷不是《生物安全議定書》的締約方，所以

依據 1969 年《維也納條約法公約》解釋 WTO 協定不需要考慮《生物多樣性公約》和《生物安全議定書》；（3）上訴機構在 *EC-Hormones* 案中認為風險預防原則在國際法上的地位存在爭議，此種意見至今仍未改變，且風險預防多出現在環境領域，謹慎起見，專家組不解決其地位問題，且其在本案中無需依據風險預防原則。（4）其他國際法規則只是在幫助解釋「通常意義」，並非具有法律約束力，上訴機構在 *US-Shrimp* 也是基於此種考慮才適用其他國際法規則，本爭端中沒有必要考慮。

二、歐共體措施是否符合 SPS 協定

關於歐共體措施是否符合 SPS 協定，需要考察歐共體措施是否構成 SPS 措施，繼而再考慮其是否符合 SPS 協定規定。

首先，從環境風險評估和環境信息的要求看，歐盟 90/200 和 2001/18 兩項指令的目標是動植物健康保護，沒有被排除出 SPS 協定；附件 A（1）（d）中的「領土內的其他損害」概念寬泛，可以包括環境損害。另外 SPS 協定談判歷史也未排除環境保護；總而言之，環保屬 SPS 協定的適用範圍。而且專家組認定轉基因植物可能成為「害蟲（pest）」的三種情形：（1）轉基因植物出現在不需要的地方，此時即使刻意栽培的植物也可能成為害蟲，視環境和種植目標而定。（2）無意的基因漂移。此時由於耐藥性而不得不加大用藥量或更具毒性的除草劑，美國認為這是有耐藥型的轉基因作物的結果，歐共體則認為其不是雜交擴散的結果，專家組贊同這是間接後果。（3）目標植物耐藥性的發展。由於耐藥性的發展，此時不需考慮轉基因植物是否是害蟲，因為目標和非目標生物已經是害蟲。

其次，歐共體措施是否違反 SPS 協定第 5.7 條。第 5.7 條包含的四項並列的的要素，意味著只要不符合某一要件，就不符合第 5.7 條。由於各方都是從第一要素開始，專家組也從第一要件開始－事實上，專家組最關心的也是這個問題。關於「相關科學信息不充分（relevant scientific information is insufficient）」，歐共體認為應該考慮成員立法者的目標，有些成員的風險要求高，則相應的風險評估的科學證據可能不充分。專家組重點分析以下問題：（1）科學證據的充分性與立法者目標的關係。立法者目標與其可能採取的措施可能有關，但與附件 A（4）的風險評估並無關聯。（2）判斷是否充分的時間——措施採取前還是採取後？從第 5.7 條的措辭及第 2.2 條的措辭看，第 5.7 條的前一句話對應的是採取措施（adoption），第二句話對應的

是維持措施（maintenance）。因此判斷科學證據是否充分應以措施採取時為標準。但是，後來的證據可以證明成員是否履行第二句話的義務。基於對第 5.7 條的上述分析，專家組逐個審查保障措施。在歐共體批准時就已經要求歐共體植物科學委員會（EC Scientific Committee on Plants）或其他機構進行評估（初始評估）——在成員採取保障措施並提交信息後又要求歐共體植物科學委員會再次審查新信息是否構成新的科學信息（二次評估）——由於兩次評估都構成 SPS 協定第 5.1 條附件 A（4）中的風險評估——證明相關科學證據是充分的，不符合第 5.7 條第一要求。

第四節　可持續發展理念

一、基因編輯技術發展及其挑戰

（一）基因編輯技術發展

20 世紀末現代生物技術進一步突破發展。第一個突破是 Aaron Klug 和 Carl Pabo 在 1991 年發現的鋅指 DNA 結合蛋白。鋅指在 DNA 結合蛋白中是不尋常的，因為它們可以線性連接以識別不同長度的核酸序列。在 1994 年，Marie Jasnin 認識到哺乳動物細胞中的雙鏈 DNA 斷裂往往會導致基因重組，從而為基因編輯創造了條件。在這些發現的基礎上，Dana Carroll 於 2001 至 2003 年在果蠅和章魚蛙的研究中，展示了鋅指核酸酶如何被設計來誘發雙鏈 DNA 斷裂。[36] 這些發現推動了基因編輯技術（genome editing）的出現和發展。基因編輯使用定點核酸酶（序列特定核酸酶，sequence-specific nucleases，SSNs）來突變生物體內的目標 DNA 序列。利用 SSN 系統，科學家可以刪除、增加或改變指定基因座上的特定堿基。SSNs 在特定的位置裂解 DNA，並留下一個單一的斷裂或一個雙鏈斷裂。DNA 斷裂可以通過兩種方式進行：（1）通過細胞本身的非同源末端連接（NHEJ）過程，導致該部位發生突變；（2）如果在 DNA 被核素編輯的同時，提供一個供體 DNA 分子，通過細胞自身的本地 DNA 修復機制，即同源定向修復（HDR），它將供體分子納入裂解部位。[37] 就植物編輯而言，主要採取四種基因編輯方法：巨核酸酶（meganucleases）、使用鋅指核酸酶（zinc finger nucleases，ZFNs）、轉錄激活因子效應核酸酶（transcription activator-like effector nucleases，TALENs）和成組的、規律間隔的短回文重系列核酸酶（CRISPR/Cas9）方法。[38] CRISPR/

36　National Academies of Sciences, Engineering, and Medicine, *The Promise of Genome Editing Tools to Advance Environmental Health Research: Proceedings of a Workshop in Brief* (Washington, DC: The National Academies Press, 2018).

37　National Academies of Sciences, Engineering, and Medicine, *Genetically Engineered Crops: Experiences and Prospects* (Washington, DC: The National Academies Press, 2016), p. 385.

38　Ibid, p. 363.

Cas 已被用於開發與傳統培育品種無異的新作物品種,以及對生物和非生物壓力更有抵抗力的作物品種,提供更好的產量和營養價值。該技術將幫助農民和科學家應對挑戰,以可承受的價格為所有人提供更好的食物。

(二)農業基因編輯技術對現有法律的挑戰

　　轉基因技術的核心是「複製和粘貼(copying and pasting)」,即將動物或植物的基因插入目標生物中。[39]這一特徵使得轉基因生物的定義往往強調其非自然性。如根據歐盟 2001/18 號《關於故意向環境中釋放轉基因生物的指令》,轉基因生物指人類以外的其他生物,這些生物中的遺傳材料被修飾,這種修飾無法通過交配或者自然重組(natural combination)等方式自然地發生。南非 1997 年《轉基因生物法》(Genetically Modified Organism Act)借鑒了歐盟的轉基因生物概念。「轉基因生物」意味著遺傳材料被修飾的生物,而這種修飾無法通過交配或者自然重組等方式自然地發生。外源基因的插入及其不穩定性成為轉基因生物風險的一個重要關注點。

　　與轉基因技術相比,基因編輯技術採取了更為多樣的基因編輯方式。歐洲食品安全局的專家將基因編輯技術分為三類:(1)位點導向核酸酶 -1(SDN-1)。通過非同源末端連接產生位點特異性隨機突變(單城基對的改變、短的缺失和插入)。在 SDN-1 期間,沒有修復模板與 SDN 一起提供給細胞。因此,在插入的情況下,插入的材料來自生物體自身的基因組,即它不是外源性的。(2)位點導向核酸酶 -2(SDN-2)。通過同源重組(單個或幾個核苷酸的特定核苷酸替換或小的插入或缺失),通過 DNA 修復過程產生位點特異性的所需點突變。在 SDN-2 過程中,外源 DNA 模板與 SDN 同時傳遞給細胞,通過同源修復實現所需的核苷酸變化。(3)位點導向核酸酶 -3(SDN-3)。目標是通過同源重組傳遞轉基因(插入)。長度達幾千城基對的外源 DNA 片段或基因盒可以被插入到基因組或基因的所需部位。[40]在上述三種基因編輯技術中,位點導向核酸酶 -3(SDN3)採取了插入外源基因的方法,可以被納入到轉基因生物規制框架中。但是位點導向核

39　Mukund Lal, Ekta Bhardwaj, Nishu Chahar, Meenakshi Dangwal, Sandip Das, "(Trans)Gene Flow: Mechanisms, Biosafety Concerns and Mitigation for Containment", *Reproductive Ecology of Flowering Plants: Patterns and Processes* (Singapore: Springer Singapore, 2020), pp. 335-394.

40　EFSA Panel on Genetically modified organisms (GMO), "Scientific opinion addressing the safety assessment of plants developed using Zinc Finger Nucleases 3 and other site-Directed Nucleases with similar function", (2012) *EFSA Journal* 10(10), p. 2943. doi: 10.2903/j.efsa.2012.2943.

酸酶 -1 和位點導向核酸酶 -2 可以在自然狀況下發生，而且往往沒有插入外源基因。因此，通過位點導向核酸酶 -1 和位點導向核酸酶 -2 修飾的生物能不能被定義為轉基因生物？因為 PCR 等檢測方法以生物中存在外源基因為條件，但是位點導向核酸酶 -1 和位點導向核酸酶 -2 只是敲除或者修補既有基因，沒有插入外源基因。如果被定義為轉基因生物並且適用轉基因生物規範，如何確保這些規範得以實現？

阿根廷在 2015 年制定決議，明確評估某一產品是否受生物安全法調整的標準。其中一個重要的標準就是產品是否包括「基因材料的新異組合（novel combination of genetic material）」。[41] 2018 年 7 月，歐盟法院公佈了一項判決，澄清通過誘變技術獲得的生物體可以豁免轉基因生物立法的要求，如果他們傳統上有不少應用且具有長期安全記錄。因此，歐盟法院的結論是，轉基因生物立法的許可、可追溯性和標識要求適用於通過誘變技術獲得的生物體。因此，它們包括「有針對性的」或「新的」誘變技術。[42]

二、確立可持續發展的規制理念

基因編輯技術的發展凸顯反思轉基因生物規制理念的重要性，特別是基因污染風險規制。

（一）可持續發展與代際公平

可持續發展是人類遺產中最古老的思想之一。可持續發展的概念基於人類數千年來的豐富經驗而得以鞏固。如《孟子・寡人之於國也》：「不違農時，穀不可勝食也；數罟不入洿池，魚鱉不可勝食也；斧斤以時入山林，材木不可勝用也。穀與魚鱉不可勝食，材木不可勝用，是使民養生喪死無憾也。養生喪死無憾，王道之始也。」世界環境與發展委員會 1987 年出版《我們共同的未來》（*Our Common Future*），將可持續發展納入國際議程。委員會將可持續發展定義為：「滿足當代的需要，且不危及後代滿足其需要的能力的發展。」[43]

考慮當代和未來世代的需求，是可持續發展的核心概念。布朗・維斯（Brown Weiss）教授使用「代際公平（inter-generational equity）」這一概念來表達當代人對於後代人的義務。雖然學者普遍認

---

41   Resolution No.173/2015.

42   ECJ (2018), Judgement of the Court in Case C-528/16: Court of Justice of the European Union.

43   World Commission on Environment and Development, *Our Common Future* (New York: Oxford University Press, 1987), p. 43.

可當代人對於後代人的道德義務，但是對於法律義務或者後代人的權利存在爭議。或者說，這是不是可以進行司法裁判的權利。[44] 反對後代人權利的學者認為，不存在者沒有權利，因此只有在場的主體才能享有權利，不在場的未來世代人沒有權利。[45] 此外，還有觀點認為，當代人和未來世代具有不同的偏好或價值取向，難以確定後代人的權利。

　　然而，必須注意到當代人對於未來世代的全面影響。例如，當代人可以影響未來商品的數量和種類、影響未來生活的人數和種類、在一定時間後影響未來出生的人的身份。[46] 而且，當代人不容易受到後來者行動的影響。因此，任何關於同時代人對彼此所負的責任的討論都是「不完整的」，除非我們也考慮到他們對未來的人負有什麼責任。從另一個方面講，當代人與後代人應該是作為整體的人類的不同發展階段，是同一個主體，而不是存在利益衝突的兩個獨立主體。[47] 代際理論的根本錯誤在於虛構了多個人類主體，即所謂過去世代的人類、現在世代的人類和將來世代的人類。[48]

（二）基因技術與生物多樣性

　　生物多樣性（biological diversity）是指所有來源的形形色色生物體，這些來源除其他外包括陸地、海洋和其他水生生態系統及其所構成的生態綜合體。生物多樣性包括三個維度的多樣性，即物種內部、物種之間和生態系統的多樣性。[49] 生物多樣性及其組成部分具有重要的社會、經濟、教育、娛樂和文化價值，提供人類生存與發展所需的物質或能量、滿足人類的健康文化需求；生物多樣性及其組成部分調節氣候、維持水土，具有重要的生態價值。而且，生物多樣性具有內在價值。每個物種都有一種與人類需求和欲望無關的固有價值，因此我們不僅沒有權利消滅任何一個物種，而且還有道德責任去保護因人類活動而瀕臨滅絕的物種。[50]

　　長期以來，生物多樣性一直面臨種種威脅，如狩獵、農業開發

---

44 【英】Patricia W. Birnie、Alan Boyle 著，那力、王彥志、王小鋼譯：《國際法與環境》（北京：高等教育出版社 2007 年版），第 85 頁。

45 Wilfred Beckerman, Joanna Pasek, *Justice, Posterity, and the Environment* (New York: Oxford University Press, 2001), pp. 15-16.

46 Simon Caney, "Justice and Future Generation", (2018) *Annual Review Political Science* 21(1), pp. 475-493.

47 劉衛先：《後代人權利論批判》（北京：法律出版社 2012 年版），第 190 頁。

48 徐祥民、劉衛先：《虛妄的代際公平：以對人類概念的辨析為基礎駁「代際公平說」》，載《法學評論》2012 年第 2 期。

49 《生物多樣性公約》第 2 條。

50 馬克平、蔣志剛主編：《保護生物學》（北京：科學出版社 2014 年版），第 111 頁。

等。進入 20 世紀後，人口快速增長和人類活動頻繁，自然資源的過度開發利用、環境污染、外來入侵物種、氣候變化和疾病等因素疊加，使得生物多樣性面臨更加嚴峻的威脅，遺傳資源、物種和生態系統的多樣性喪失加劇。[51] 以物種滅絕為例，人類已經進入人類世滅絕，物種滅絕的速度比過去 1000 萬年的平均速度高出幾十到幾百倍。這一速度正在加快，超過 100 萬種動植物面臨滅絕的風險，其中許多在幾十年內就滅絕了。[52] 生物多樣性喪失造成巨大的財產損失，威脅成千上萬人口的生命、健康和發展，而且減損了後代人選擇空間和發展機會。

前已述及，基因污染可能造成生物多樣性的喪失。轉基因作物對生物多樣性造成的威脅是公眾的一個重要關切。這種威脅反映在遺傳資源、物種和生態系統等三個維度。轉基因作物中經過修飾的基因不僅對非目標物種有直接影響，亦可能轉移至本土品種或野生近源物種。同時現代生物技術作物及其配套的殺蟲劑或除草劑產品等使得這些作物具有比較選擇優勢，擠壓本土或者其他近源物種生存空間，減少了物種多樣性，進而影響生態系統多樣性。加州大學伯克利分校大衛・奎斯特（David Quist）和伊格納西奧・查培拉（Ignacio Chapela）2001 年 11 月在《自然》雜誌上發表文章，聲稱在墨西哥南部奧薩卡（Oaxaca）地區採集的玉米地方品種樣本中，發現有花椰菜鑲嵌病毒的啟動子。轉基因作物與其在陸地上的祖先和野生近緣植物之間的遺傳連接程度是全世界作物和農業生態系統進化史的主要決定因素。因此，這一研究引起各方高度關注。[53]

（三）轉基因作物與非轉基因作物共存

面對快速發展的基因技術，簡單地拒絕或者贊同都忽視了問題的複雜性，也不符合可持續發展價值理念。確保轉基因作物和非轉基因作物共存（co-existence）是實現可持續發展的重要進路。

第一，符合轉基因技術的發展現狀和政策導向。由於宗教信仰、文化傳統和經濟發展階段不同，各國消費者對轉基因技術的認知和接受意願呈現較大差異，並反映在各國的轉基因作物及其產品規制

51　見《昆明宣言》。

52　《生物多樣性公約》第十五次締約方會議高級別會議的報告，CBD/COP/15/5，2021 年 10 月 13 日。

53　David Quist and Ignacio H. Chapela, "Transgenic DNA introgressed into traditional maize landraces in Oaxaca, Mexico", (2001) *Nature* 414(6853), p. 513. 2003 年和 2004 年在同一地區進行的系統研究沒有發現污染。S Ortiz-García, E Ezcurra, B Schoel, F Acevedo, J Soberón, A. A. Snow., "Absence of detectable transgenes in local landraces of maize in Oaxaca, Mexico (2003-2004)", (2005) *Proceedings of the National Academy of Sciences USA (PNAS)* 102(35), pp. 12338-12343.

上，使轉基因作物或產品在國際社會出現不同步審批（asynchronous approval）。[54] 如在美國獲准種植和銷售的轉基因玉米和油菜，卻遲遲無法在歐盟及其成員國獲得批准，即便獲得批准出口到歐盟仍需要嚴格按照歐盟標識規範標識為「轉基因」。結果，當非轉基因作物或產品中混雜有被修飾的基因成分時，非轉基因作物或產品經營者可能遭受市場喪失、價格下降等經濟損失；後者還可能面臨專利權人的專利侵權指控。從某種意義上講，基因漂移所致經濟損失更多源自各國的規制差異。問題在於轉基因技術自 20 世紀 70 年代走出實驗室後，在農業領域得到廣泛應用。轉基因作物的全球種植面積快速增長，品種和性狀更為多樣。隨著轉基因作物的廣泛種植和傳播，完全阻止基因污染幾乎是不可能的。

另一方面，考慮到基因技術在生物育種方面的重要性，我國一直非常重視轉基因作物品種研發。中共中央國務院在多份中央一號文件中都提及現代生物技術。如 2015 年《關於加大改革創新力度加快農業現代化建設的若干意見》明確指出，「加強農業轉基因生物技術研究、安全管理、科學普及」。2021 年《中共中央國務院關於全面推進鄉村振興加快農業農村現代化的意見》指出，農業現代化，種子是基礎。對育種基礎性研究以及重點育種項目給予長期穩定支持。加快實施農業生物育種重大科技項目。尊重科學、嚴格監管，有序推進生物育種產業化應用。支持種業龍頭企業建立健全商業化育種體系。

第二，共存可以兼顧發展與環境保護。一方面，共存指農民實際選擇傳統農業生產、有機農業生產和轉基因作物生產的能力；共存也是消費者選擇不同產品的前提。[55] 轉基因作物並非「萬能藥」，也不是「洪水猛獸」。農民有不同的種植偏好，有的選擇種植轉基因作物，亦可能選擇傳統作物或有機作物。消費者亦可以選擇轉基因食品、傳統食品或者有機食品。保障不同作物的共存關係農民選擇不同農業生產方式的自由，關係消費者選擇不同產品的自由，關係到歐盟內部貨物的自由流動和公平競爭。[56] 另一方面，必須承認基因漂移的確存在導致生物多樣性喪失的風險。雖然基因漂移在自然條件下亦會發生，但是

---

54 闕占文：《食品標識中的轉基因信息披露：以商業言論為視角》，載《政法論叢》2017 年第 5 期。

55 K. Purnhagen, J. Wesseler, "The Principle(s) of Co-existence in the Market for GMOs in Europe: Social, Economic and Legal Avenues", in Nicholas Kalaitzandonakes, Peter Phillips, Justus Wesseler, Stuart Smyth eds., *The Coexistence of Genetically Modified, Organic and Conventional Foods* (New York: Springer, 2016), Natural Resource Management and Policy, Vol. 49.

56 《關於故意向環境中釋放轉基因生物的指令》（2001/18/EC 號指令）第 22 條要求成員國不得禁止、限制或者阻礙符合指令要求的轉基因產品或者產品中的轉基因生物投放市場。

自然條件下的基因漂移往往經歷長時間的實踐，並與生態環境互動。換言之，傳統育種不僅僅是技術的革新，也是人與環境互動的結果。相比之下，轉基因作物造成的基因漂移在短時間內發生，影響大面積的作物及生態系統。採取措施隔離非轉基因作物和轉基因作物，可以降低轉基因作物帶來的生物多樣性不利影響，實現可持續農業。[57]

第三，比較法上，各國紛紛推進共存立法。確保轉基因生物和非轉基因生物的共存成為歐盟考慮的一個政策選項。歐盟成員國的自然條件、農業產業結構和農民的經濟水平存在比較大差異。在避免轉基因生物的意外出現時，必須考慮歐盟成員國在上述方面的多樣性。因此，既要堅持風險預防原則，又要保持一定的靈活性。2002 年，歐盟委員會在其《生命科學與生物技術：歐洲的戰略》（*Life sciences and biotechnology-A strategy for Europe*）報告中指出，「為了充分適用經營者的選擇自由並保障歐洲農業的可持續性和多樣性，公共機構、農民和其他私營經營者需要制定農藝和其他措施，便利不同農業實踐的共存，同時不排除轉基因作物」。考慮歐盟成員國之間社會經濟水平的巨大差異，歐盟 2015/412 號指令允許歐盟成員國禁止在其境內種植已獲得歐盟範圍內授權的轉基因植物，這是對這些差異進行解釋的首次嘗試。為了更好地指導成員國制定共存立法，歐盟委員會 2010 年公佈《制定國家共存措施、避免轉基因生物無意出現在傳統和有機作物中的指南建議》（*Commission Recommendation of 13 July 2010 on guidelines for the development of national co-existence measures to avoid the unintended presence of GMOs in conventional and organic crops*）。《共存指南建議》列出國內共存立法的基本原則，如透明和利益相關者參與原則、科學為基礎的決策 —— 即以可獲得的關於轉基因生物和非轉基因生物混合的最佳科學信息為基礎進行決策、現行隔離措施／實踐的建設 —— 即應該考慮現行隔離措施以及農業經驗、比例 —— 共存措施應該是有效率的、符合成本－效益的、合適的等。

---

57 Nicholas Kalaitzandonakes, Peter Phillips, Stuart Smyth, Justus Wesseler, "Introduction to the Issue of Coexistence", in Nicholas Kalaitzandonakes, Peter Phillips, Justus Wesseler, Stuart Smyth eds., *The Coexistence of Genetically Modified, Organic and Conventional Foods* (New York: Springer, 2016), Natural Resource Management and Policy, Vol. 49.

第三章

轉基因作物
釋放許可

　　考慮到轉基因作物可能造成的健康與環境風險，不少國家或地區區分轉基因作物，要求特定類型的轉基因技術活動必須獲得許可。風險評估和風險管理措施成為獲得許可的要素。由於各國轉基因技術規制理念的差異，其許可類型與程序、風險評估要素和程序、風險管理等都存在不同。

| 第一節 | 轉基因作物釋放許可 |

一、歐盟轉基因生物釋放許可

（一）一般條款

　　歐盟將轉基因生物的用途分為封閉使用[1]、食用或飼料[2]、環境釋放等三類，分別制定相應的指令或條例。針對環境釋放的轉基因生物，歐盟 1990 年 4 月通過《關於故意向環境中釋放轉基因生物的指令》（*Council Directive of 23 April 1990 on the deliberate release into the environment of genetically modified organisms, 90/220/EEC*），規範轉基因生物的有意釋放。考慮到轉基因生物技術發展、公眾意見和國際貿易等情況，歐盟 2001 年 3 月通過《關於故意向環境中釋放轉基因生物的指令》（2001/18/EC 號指令），廢止原 90/220/EEC 指令。[3] 此後，歐盟分別於 2015 年、2018 年修改這一指令。「有意釋放（deliberate release）」指故意向環境中引入轉基因生物或者含有轉基因生物的物體，且沒有採取特別控制措施限制其與普通公眾和環境的接觸，也沒有採取特別控制措施為普通公眾和環境提供較高的安全保障。《關於故意向環境中釋放轉基因生物的指令》（2001/18/EC 號指令）將「有意釋放」分為兩類：以投放市場為目標的釋放（placing on market）和不以投放市場為目標的釋放。「以投放市場為目標的釋放」指第三方可以獲得轉基因生物，無論是支付對價或者免費獲得。因此，封閉使用轉基因微生物或者其他轉基因生物不屬投放市場。[4] 根據這些指令，在歐

1　針對封閉使用的轉基因生物，歐洲共同體理事會 1990 年通過了《關於轉基因微生物封閉使用的指令》。鑒於轉基因技術研究和應用的快速發展，歐盟多次修改這一指令。2009 年 5 月，歐盟通過第 2009/41/EC 號指令。這些修改主要包括：（1）更新封閉使用的概念。不再明確指定封閉使用中的物理隔離或者化學隔離等，而是使用「控制措施（containment measures）」和「提供更高的保護水平」。（2）細化封閉使用的風險等級。根據轉基因微生物的致病性或者對環境的風險，按照統一的風險評估程序，指令將封閉使用分成四個等級，並規定了不同的控制措施：第一類是沒有風險或風險可忽略的活動，第二類是低風險的活動，第三類是中度風險的活動，第四類是高風險的活動。

2　針對食用的轉基因食品，歐盟 2003 年 9 月通過了《轉基因食品和飼料條例》，2013 年又通過了《轉基因食品和飼料許可授權條例》。

3　王明遠：《轉基因生物安全法研究》（北京：北京大學出版社 2010 年版），第 156 頁。

4　Article 2 of 2001/18/EC。

盟成員國釋放轉基因生物，必須獲得許可。

（二）歐盟轉基因生物釋放許可程序

依據歐盟轉基因生物規制的風險預防原則，《關於故意向環境中釋放轉基因生物的指令》針對向環境釋放的轉基因生物規定了嚴格的許可程序，特別是在成員國和歐盟兩個層面的多層級審批。大致而言，歐盟的轉基因生物許可程序包括以下幾個階段。

第一，申請者向成員國提交申請。在將轉基因生物或轉基因生物組合或存在於產品中的轉基因生物投放市場之前，應告知該成員國的主管部門，包括申請人的信息、環境風險評估、後續監管計劃、包裝和標識信息等。[5]

第二，成員國主管機構評估。在收到申請後，成員國的主管機構必須審查申請是否符合指令要求。為此，成員國的主管機構必須在收到申請的 90 天內準備一份評估報告。如果主管機構的評估報告認定某一轉基因生物不能投放到市場，該申請即被拒絕，程序終結。[6]

第三，委員會進行審查。如果成員國主管機構評估後認為可以向市場投放，將申請連同評估報告一併交給歐洲委員會，由委員會轉發給所有歐共體成員國。[7] 在散發報告的 60 天內，其他成員國的主管機構、委員會可以要求提供進一步的信息、評論或者提出反對。若沒有任何反對，成員國的主管機構必須書面同意轉基因生物投入市場。[8] 但是，根據 2001/18/EC 指令，如果另一成員國的主管機構或者委員會提出了合理的反對，成員國和委員會可延長 45 天，以討論該問題。[9]

第四，遇有反對時的共同體程序。如果其他成員國的主管機構或者委員會維持合理反對，由共同體決定是否批准該申請。[10] 為此，委員會必須準備一個預備措施。一旦委員會在考慮相關歐共體科學委

5　Articles 5 and 11 of Directive 90/220 and Articles 6 and 13 of Directive 2001/18.

6　Article 12(2)(b) of Directive 90/220 and Articles 14(3)(b) and 15(2) of Directive 2001/18.

7　Article 13(1) of Directive 90/220 (providing that the Commission must forward the assessment report "immediately") and Article 14(2) of Directive 2001/18 (providing that the Commission must forward the assessment report within 30 days of its receipt).

8　Article 13(2) of Directive 90/220 and Article 15(3) of Directive 2001/18.

9　Articles 15(1) and (3) of Directive 2001/18. We note that in accordance with Article 15(1) any periods of time during which further information from the applicant is awaited are not to be taken into account for the purpose of calculating the 45-day period.

10　Article 13(3) of Directive 90/220 and Articles 18(1) and 30(2) of Directive 2001/18. Article 18(1) of Directive 2001/18 specifies that a decision must be adopted and published within 120 days. For the purposes of calculating the 120-day period, any period of time during which the Commission is awaiting further information which it may have requested from the applicant or is seeking the opinion of an EC scientific committee will not be taken into account.

員會的意見後準備了一項預備措施，它必須提交給相應的「規制委員會（regulatory committee）」投票表決。規制委員會由成員國代表組成，主席是委員會的代表。[11] 規制委員會必須在主席確定的時限內就準備措施公佈意見。[12] 委員會必須接納準備措施，如果他們與規制委員會的意見一致。如果準備措施與規制委員會的意見不一致，或者規制委員會沒有發佈意見，委員會必須毫不遲延地向部長理事會說明相關建議。[13] 部長理事會可以通過或拒絕委員會提議的措施。但是，部長理事會必須在 3 個月內決定；如果沒有作出決定，委員會採納其提交給部長理事會的措施。[14]

第五，成員國同意投放市場。當共同體層面做出有利的決定時，成員國的主管機構必須書面同意轉基因生物及其產品投放市場。這樣的同意被傳達給申請人，並通知其他成員國和委員會。[15]

二、美國轉基因生物釋放許可

前已述及，美國等一些國家採取實質等同規制理念，將轉基因生物視同非傳統生物。這並不意味著美國不重視轉基因生物釋放可能造成的風險。事實上，美國農業部和環境保護署針對轉基因作物釋放進行監管。

（一）《植物保護法》與動植物健康檢疫局的管制

管制對植物有危險的生物是美國農業部下屬動植物健康檢疫局（Animal and Plant Health Inspection Service，APHIS）的職責之一。原則上，任何希望研發轉基因植物的人都必須獲得動植物健康檢疫局的許可。2000 年生效的《植物保護法》授予美國農業部規制任何有害生物進入美國或在美國境內移動的權力。美國農業部建立許可制度，力圖確保在轉基因植物和其他基因工程生物進行公開田野試驗或者引進環境中前，進行完全的評估。執行這些法律的規章禁止未獲動植物健康檢疫局許可時引入所謂的「受管制生物（regulated articles）」。國會

11　Regulatory Committees have their origin in Article 202 of the EC Treaty and act on the basis of Article 5 of Council Decision 1999/468/EC. They assist the Commission in the exercise of the powers delegated to it by the Council for the implementation of its acts.

12　Article 21 of Directive 90/220 and Article 30(2) of Directive 2001/18 (referring to Articles 5 and 7 of Council Decision 1999/468).

13　Ibid.

14　Ibid.

15　Article 13(4) of Directive 90/220 and Article 18(2) of Directive 2001/18.

通過《植物保護法》時，確認了動植物健康檢疫局控制引入受管制生物的法定權力，無論該生物位於何地，只要所有的植物害蟲、有毒雜草、植物、植物產品和能寄生植物害蟲或有毒雜草的生物，處在州際貿易或國際貿易中或影響州際貿易或國際貿易。[16]

動植物健康檢疫局將「基因工程」定義為「通過重組 DNA 技術對生物的基因修飾」[17]，因此「基因工程生物（genetically engineered organisms）」也就是「通過重組 DNA 技術修飾後的生物」。所有符合植物害蟲定義的生物──真實的或潛在的──仍須受到已有許可制度的規制。因此，根據美國農業部對其立法授權的廣泛解讀，所有新穎的或非土著的生物都應接受動植物健康檢疫局潛在植物害蟲的評估，無論其是自然發生還是通過基因工程或傳統基因產生。[18]

第一，管制程序。在實驗室中進行的基因工程研究由資助單位監管。[19]但是，如果需要進行田野試驗或者向環境中釋放轉基因生物，就必須接受動植物健康檢疫局的管制。動植物健康檢疫局的管制可以分成兩類程序。首先是許可程序（permit process）。申請人至少應該在準備向環境釋放受管制生物 120 天前，向動植物健康檢疫局提交申請，提供詳細的信息，如分子生物學、活動的目標和位置、防止植物害蟲逃逸和分解的保障措施等。[20]如果申請人試圖進口一項受管制生物或者在州際貿易中轉移受管制生物，但不進行田野試驗或者可能導致環境釋放的活動，申請人可以按照簡易程序申請限制許可（limited permit）。動植物健康檢疫局科學家評估、確定是否批准申請。一旦批准申請，申請人必須按照許可證中規定的條件進行試驗或運輸。其次是通知程序（notification process）。某些受管制的生物適用通知程序。如果動植物健康檢疫局對某些受規制生物擁有非常多的規範經驗，也非常熟悉，而且這些生物不會對植物健康或環境產生更高的風險（elevated risk），可適用通知程序。為了符合通知程序，植物或性狀必須滿足與安全有關的六個條件（如人們已經知道這些基因物質的功能且其在受管制生物中的表達不會造成植物疾病），且遵守六個履行標準（如這些生物在運輸中不會分解，且不會釋放到環境中）。[21]

第二，解除管制。如果某一轉基因生物經過田野試驗後顯示不會

16　Environmental Law Institute, *Law of Environmental Protection* (Thomson Reuters, 2013), p. 182.

17　7 C. F. R. 340.1.

18　Environmental Law Institute, *Law of Environmental Protection*, p. 182.

19　Coordinate Framework for Regulation of Biotechnology.

20　7 C. F. R. 340.4(b).

21　Environmental Law Institute, *Law of Environmental Protection*, p. 182.

產生植物害蟲風險，研發者可以向動植物健康檢疫局請求不要根據第340號規章，將該生物作為植物害蟲或潛在植物害蟲進行管制，被稱為「不受管制地位決定」或「解除管制」。在申請解除管制時，申請人必須提供試驗數據、被修飾的生物與未修飾生物的區別、田野試驗報告等。在進行環境評估或者環境影響評估和尋求公眾評議後，如果認為受管制生物沒有帶來植物害蟲風險，動植物健康檢疫局可以批准解除管制。或者，當受管制生物與之前解除管制的生物相似時，可以適用延伸程序。延伸程序在1997年建立以來多次被運用；它假定與之前解除管制的生物相似的轉基因生物在潛在風險方面也是相似。在完全評估延伸申請的信息後——包括顯示相似性的數據，動植物健康檢疫局可能認為新的轉基因植物與之前解除管制的轉基因植物一樣，沒有產生植物害蟲風險，因此不再管制。[22] 獲得不受管制地位的決定對食物和飼料作物的研發者非常重要，因為他向公眾、農民、食物和飼料行業、美國貿易夥伴確保，該作物成功完成了美國的管制程序。

2020年，動植物健康檢疫局總結以往的規制經驗，發佈《某些基因工程生物移動》（*Movement of Certain Genetically Engineered Organisms*），旨在建立可持續的、生態的、一致的、統一的、負責任的和有效率的制度（Sustainable, Ecological, Consistent, Uniform, Responsible, Efficient，SECURE）。根據這一最新規則，某些類別的轉基因植物可以不受法規約束，因為它們本來可以通過常規育種技術開發出來，所以與常規育種的植物相比，不太可能構成更大的植物害蟲風險。這些豁免只適用於植物，因為植物育種的悠久歷史為我們提供了安全管理相關植物害蟲風險的豐富經驗。此外，植物的植物性狀－作用機制組合與被動植物健康檢疫局確定為不可能構成植物害蟲風險，可免於監管。[23]

在頒發向環境釋放受管制生物的許可前，或者在決定不受管制地位前，動植物健康檢疫局必須遵守《國家環境政策法》（*National Environmental Policy Act*，NEPA）的要求，準備一份公開的環境評估，在必要時準備一份環境影響報告；並根據《瀕危物種法》（*Endangered Species Act*，ESA）評估受管制生物對受威脅的或瀕臨滅絕的物種的潛在影響。在承認通知的合適性或者簽發環境釋放許可前，動植物健康檢疫局也必須和計劃釋放轉基因生物的州合作，包括

22　7 C. F. R. 340. 6. APHIS Policy on Responding to the Low-Level Presence of Regulated Genetically Engineered Plant Materials, 72 FR 14649.

23　Guidance for Preparing Proposals to Exempt Plants with Additional Modifications from Regulation Pursuant to 7 CFR § 340.1(b)(4).

提交一份申請或通知複本給州農業部門審議。[24]

（二）植物農藥與美國環境保護署的管制

美國環境保護署管制轉基因生物的權限主要源自兩部法律：《聯邦殺蟲劑、殺真菌劑和滅鼠劑法》（ _Federal Insecticide, Fungicide and Rodenticide Act_ ，FIFRA) 和《聯邦食品、藥品和化妝品法》（ _Federal Food, Drug, and Cosmetic Act_ ，FFDCA）。[25]

第一，殺蟲劑登記。除少數例外，《聯邦殺蟲劑、殺真菌劑和滅鼠劑法》禁止銷售、分配沒有在美國環境保護署登記的殺蟲劑。殺蟲劑指：「（1）用於阻止、破壞、排除或減緩任何害蟲的物質或混合物質；（2）用作植物調節劑、落葉劑或乾燥劑的任何物質或混合物質；（3）任何氮穩定劑。」[26]《聯邦殺蟲劑、殺真菌劑和滅鼠劑法》允許美國環境保護署署長豁免任何殺蟲劑，如果該殺蟲劑已經被另外的聯邦機構充分管制，或者無需接受本法規制也無損本法目標。[27] 若殺蟲劑對環境只有較小的風險，在沒有管制時不會對環境造成不合理的不利影響，美國環境保護署通常將予以豁免。[28]

申請人申請殺蟲劑登記時，必須提交廣泛的健康、環境等方面的數據。殺蟲劑必須滿足以下條件，方能登記：（1）它的構成足以保證設定的要求；（2）它的標籤和其他需要提交的材料符合法律要求：（3）它將實現預定功能，不會對環境有不合理的不利影響；（4）按照廣泛接受和通常承認的實踐，它一般不會對環境造成不合理的不利影響。[29]《聯邦殺蟲劑、殺真菌劑和滅鼠劑法》將「對環境的不合理的不利影響」界定為「（1）考慮經濟、社會和環境成本及使用殺蟲劑的收益，任何對人類或環境的不合理風險；（2）使用殺蟲劑造成的食物殘留引發的人類飲食風險，不符合《聯邦食品、藥品和化妝品法》第

24　Environmental Law Institute, _Law of Environmental Protection_, p. 182.

25　《聯邦殺蟲劑、殺真菌劑和滅鼠劑法》1947 年即獲得國會通過。不過最初其建立的是由美國農業部負責的殺蟲劑登記和標籤制度。1972 年，《聯邦環境殺蟲劑控制法》（ _Federal Environmental Pesticide Control Act_ ，FEPCA）對《聯邦殺蟲劑、殺真菌劑和滅鼠劑法》進行重大修改。此後，該法經過多次修改，包括 1996 年以《聯邦食品品質法》進行的修改。當前，《聯邦殺蟲劑、殺真菌劑和滅鼠劑法》規定美國環境保護署管制殺蟲劑的銷售和使用，保護人類健康和環境。

26　7. U.S.C. 136.

27　7. U.S.C. 136w(b).

28　66 Fed. Reg. 37772(July 19, 2001).

29　由此可知，登記時，不需證明殺蟲劑對人類或環境是絕對安全的。這樣的要求可能有效阻止殺蟲劑的使用，因為試圖殺死害蟲的化學品常常對其他生物造成危險。7. U.S.C. 136a(5).

408 節的標準」。[30] 作為登記程序的一部分，美國環境保護署設定使用殺蟲劑的條件，以滿足法定要求。這些條件反映在每個殺蟲劑產品的批准標籤上。以不同於其標籤的方式使用登記的殺蟲劑，違反《聯邦殺蟲劑、殺真菌劑和滅鼠劑法》。當美國環境保護署認定按照使用指南使用殺蟲劑仍可能對環境帶來不合理的不利影響時，包括對使用者的傷害，殺蟲劑的登記可以限制在特定用途上。有限制用途的殺蟲劑只能由經過認證的使用者使用，或者在其指導下使用。

第二，自身攜帶保護劑植物許可。通過現代基因技術，可能改變或操作基因組構成使植物表達殺蟲劑特性。尤其是這些技術允許研發出產生其自身殺蟲劑的植物，或者抵抗害蟲、病毒和其他植物害蟲的植物。美國環境保護署在 1994 年就認定這種物質屬《聯邦殺蟲劑、殺真菌劑和滅鼠劑法》的殺蟲劑，如果他們計劃用於阻止、破壞、排除或減緩任何害蟲的物質或混合物質，所以屬美國環境保護署的管轄範圍。[31] 在此基礎上，美國環境保護署 2001 年頒佈處理自身攜帶保護劑植物（Plant-incorporated protectants，PIPs）的行政規章。[32] 根據美國環境保護署的規範，「自身攜帶保護劑植物」指「意圖在活生植物及其產品中產生和使用的殺蟲劑物質，以及生產殺蟲劑物質所必需的基因材料」；「殺蟲劑物質」被定義為「為了在植物生命循環的任何階段（如胚胎、種子、育種、配種）實現殺蟲劑目標，意圖在活生植物及其產品中產生和使用的物質」。「及其產品」，在用於包含自身攜帶保護劑植物時，指「包含自身攜帶保護劑的活生植物的產品；當該產品與活生植物分離後，殺蟲劑物質計劃用於殺蟲劑目標」。這類產品包括農業產品、大麥、木材。重要的是，美國環境保護署注意到包含殺蟲劑化學殘留的天然農業商品等產品不是「及其產品」，當這些殘留不是計劃用於該產品的殺蟲劑目標時。

根據所涉產品性質，美國環境保護署的自身攜帶保護劑植物規範程序主要在兩個或三個獨立階段。首先，有意從事田野試驗的研究者，根據《聯邦殺蟲劑、殺真菌劑和滅鼠劑法》第 5 節申請試驗用許可（experimental use permit）。通常在這個階段，已經根據美國農業部的許可或通知進行小型實驗。如果獲得試驗用許可，允許研究者繼續進行，根據監管要求和控制條件，這些要求和條件處理實驗場地大小和地點、種植期間、被種植作物的使用。下一個階段適用於部分而

---

30 7 U.S.C. 136(bb).

31 59 F.R. 60496, p. 5.

32 66 Fed. Reg. 37772.

非全部產品，涉及向美國環境保護署申請登記，限於繁殖植物產品的生產，如種子、塊莖、玉米和插枝等。生產這些繁殖性材料是研發某些商業品種的必要步驟。最後一個階段涉及根據《聯邦殺蟲劑、殺真菌劑和滅鼠劑法》第 3 節向美國環境保護署提交申請，授權植物農藥的完全商業化。假定該植物用於食物或飼料，申請者還必須根據《聯邦食品、藥品和化妝品法》第 408 節的要求申請容忍或豁免。

三、其他國家的轉基因生物許可

（一）澳大利亞轉基因生物許可

不同的轉基因生物、不同的活動可能帶來不同程度的風險。基於此，根據轉基因生物活動所帶來的不同風險，澳大利亞進行分類管理。對於一般的轉基因生物活動，必須獲得許可方可進行，除非活動屬以下情況：（1）可以豁免的活動（exempt dealings）[33]；（2）低風險的活動（notifiable low risk dealings）[34]；（3）在登記冊中（on the

---

33 《基因技術規章》第 6 節規定，某一活動屬轉基因生物豁免活動，如果它同時滿足以下條件：（1）它是附件 2 第一部分提及的活動；（2）它沒有包括附件 2 第一部分描述的基因修飾之外的改造；（3）它沒有涉及將轉基因生物故意釋放到環境中；且（4）它不涉及能夠傳導人類細胞的逆轉錄病毒（retroviral vector）。附件 2 第一部分列出五類豁免的活動：（1）關於轉基因秀麗隱桿線蟲（Caenorhabditis elegans）的活動，（2）在動物中植入轉基因體細胞的活動；（3）通過在動物體內複製有缺陷的病毒載體而基因修飾體細胞的活動；（4）涉及附件第二部分所列寄主 / 病毒的活動；（5）涉及散彈克隆、DNA 圖譜準備等的活動。包括在豁免清單中的轉基因生物活動將定期審議。此外，公眾可以在任何時候向基因技術監管專員提交提案，建議從豁免清單中剔除或者增加某些活動。在改變豁免清單前，基因技術監管專員必須充分評估活動帶來的風險，確定是否有合理依據從豁免清單中剔除或者增加。

34 在決定何者屬需申報的低風險活動時，基因技術監管專員須考慮：（1）在沒有人為干涉下，轉基因生物是否可在生物學上加以控制，從而無法存活或繁殖；（2）不論轉基因生物是否會對人類健康安全或環境產生最小風險，其是否為致病原、害蟲及是否會產生有毒蛋白質；（3）是否須針對前項可能的風險，增加條件加以管理。後來，《基因技術規章》明確需通知的較低風險活動。根據《基因技術規章》第 12 條，某一活動需申報的低風險活動，如果：（a）它是附件 3 第一部分提及的某一類活動；（b）它不涉及故意向環境釋放轉基因生物。包括在清單中的需申報的低風險活動將定期審議。此外，公眾可以在任何時候向基因技術監管專員提交提案，建議從清單中剔除某些活動或者增加某些活動。在改變清單前，基因技術監管專員必須充分評估活動帶來的風險，確定是否有合理依據從清單中提出或者增加。只有在以下條件得以滿足時，才能開展需申報的低風險活動；（a）經過認證的組織建立的生物安全委員會評估後認為某一活動屬需申報的低風險活動；（b）由經過合適培訓且具有相應經驗的人員在經認證的場所內進行；（c）根據基因技術監管專員的《轉基因生物運輸、儲存和處置指南》（Guidelines for the Transport, Storage and Disposal of GMOs）運輸、儲存和處置；（d）如果活動涉及可能導致人類疾病的生物，需申報的低風險活動必須根據澳大利亞標準中設定的真空要求進行。進行評估的生物安全委員會必須按照規定格式就每一需申報的低風險活動準備一份評估記錄，並在基因技術監管專員書面請求時向其提交記錄。經過認證的組織或人員應該在申請評估的財年向基因技術監管專員提交生物安全委員會的記錄。

register）[35]；（4）屬緊急情況。[36]

即便是轉基因生物許可，澳大利亞也區分向環境釋放轉基因生物和不向環境釋放轉基因生物的活動。根據《基因技術法》，如果轉基因生物被故意釋放到開放的環境中，就屬「涉及向環境中故意釋放轉基因生物的活動」，無論釋放時是否限制該轉基因生物或其遺傳材料在環境中的傳播或存在。在《基因技術法》之前，澳大利亞是根據轉基因活動的順序（小型試驗、非故意釋放、田野試驗）予以自願性規範，《基因技術法》按照封閉使用和向環境釋放的類型區別對待。兩者的主要區別在於風險評估。

在觸發下列條件之一時，基因技術監管專員可以書面形式撤銷或廢止許可：（a）基因技術監管專員有合理理由相信，許可所規定的條件被違反，無論是許可持有人或者許可涵蓋的其他人所為；（b）基因技術監管專員有合理理由相信，許可持有人或許可涵蓋的其他人觸犯本法或規章；（c）未支付許可年費：（d）不合適地取得許可；（e）許可持有人未針對基因技術監管專員已知的風險採取適當措施；（f）基

35　如果某些取得許可的轉基因生物活動在一段時間後顯示其安全性。要求許可就不合理。如某一基因花朵長期在澳大利亞種植，被許多人使用，已經顯示是安全的，僅僅期望某一公司繼續持有種植、銷售和使用的許可是不合理的。在不需設定管理風險的條件且沒有直接監管時，尤其如此。故《基因技術法》另外又建立登記處制度，藉由登記處登記之方式，使任何人可不受許可限制，進行已被證實具有安全性的轉基因生物相關活動。在滿足下述條件時，基因技術監管專員可將某些轉基因生物相關活動登記：（1）該活動已獲得許可，且基因技術監管專員認定這些活動足夠安全，從而任何人都無需獲得許可即可從事這類活動；（2）該轉基因生物是轉基因產品。在作出這一決定時，專員一般考慮關於該項活動風險的數據、設定條件的必要性等。經過登記的轉基因生物都會在基因技術監管機構的網站公佈。

36　緊急活動決定（Emergency Dealing Determination）是根據《基因技術法》第72節開展的手段。《基因技術法》授權相關部門的部長在緊急情況下加速批准某一轉基因生物活動。原因是在某些情形下可能需要快速批准。緊急活動決定只能持續6個月，但部長可以延長這一期限。緊急活動決定條款進一步推進《基因技術法》保護人類健康和環境的目標。部長並不能擅自作出緊急活動決定，而必須在下列條件滿足後方可：（1）存在對人類健康或者環境的實際或者即刻的威脅，提議的轉基因生物活動能或者可能充分應對該類威脅，部長從聯邦首席醫療官、聯邦首席獸醫官或者聯邦首席植物保護官處收到關於此類威脅和轉基因生物應對此類威脅的建議；（2）部長認為存在對人類健康或者環境的實際或者即刻的威脅，提議的轉基因生物活動能或者可能充分應對該類威脅；（3）部長從基因技術監管專員收到建議，緊急活動決定中指定的活動能夠被管理，從而保護人類健康和安全以及環境；（4）部長認可基因技術監管專員的建議；（5）就緊急活動決定與各州協商。實際或迫切的威脅包括爆發植物、動物或人類疾病的威脅、害蟲或外來物種等特定動植物的威脅、工業洩漏的威脅。一旦做出緊急活動決定，部長會明確展開這些緊急活動的條件，如活動涵蓋的轉基因生物數量、活動的範圍、開展這些活動的人員、安全和儲存、廢物處置等。部長可以改變這些條件，甚至是增加新的條件。如果部長認為確定緊急活動決定的威脅已經消失或者不是那麼迫切，或者認為緊急活動不能充分應對這些威脅，部長可以暫停或取消決定。2007年，澳大利亞曾就轉基因馬流感疫苗的活動公佈緊急活動決定，允許進口、運輸、處置轉基因馬流感疫苗，條件包括通知基因技術監管專員和相關人員、保存記錄、在指定容器處理等。

因技術監管專員認為許可持有人不再適格。[37]基因技術監管專員可以在任何時候以書面通知許可持有人，變更許可內容；基因技術監管專員也可在許可持有人的申請下變更許可內容。可變更的內容包括：（a）增加或刪除許可條件；（b）擴大或減少許可的權力。

（二）加拿大轉基因生物許可

加拿大食品檢驗局（Canadian Food Inspection Agency，CFIA）依據具有新特性植物（Plants with Novel Trait，PNT）對轉基因植物進行管理。新特性植物進口依據《植物保護法》和《新特性植物進口要求，包括轉基因植物和植物活體部分 96-13 號指令》，封閉使用依據《加拿大實驗室生物安全導則》，限制性環境釋放（大田內進行小範圍試驗）依據《在加拿大開展新特性植物的限制性大田研究 2000-07 號指令》，無限制性環境釋放（指有限制的大範圍釋放或無條件限制的商業化）依據《確保新特性植物環境安全的評估標準 94-08 號指令》。加拿大食品檢驗局成立植物安全辦公室（Plant Biosafety Office，PBO），負責新特性植物的環境安全評估。無限制性環境釋放使用兩套數據，根據五個環境安全標準開展安全評估。兩套數據有：基本的生物學數據、申請者提供環境釋放的風險評估數據。五個環境安全評估標準包括：新特性植物變成農田雜草或自然生境入侵種的潛在能力、通過與近緣種雜交導致的基因流、變成植物害蟲的潛力、新特性植物對非靶標生物（包括人類）的潛在影響、對生物多樣性的影響。限制性環境釋放（即限制的大田研究試驗）的安全管理包括要求設備工具的清潔、繁殖隔離、實驗點監測、清理與儲藏、收割後的土地使用限制等內容。[38]

四、我國的轉基因生物釋放許可

針對轉基因作物環境釋放，我國建立了不同類型的許可制度。（1）農業轉基因生物的研究與應用大致可以分為實驗研究、中間實驗、環境釋放、生產性實驗和申請安全證書等五個階段。各階段的活動及其風險不同，實驗研究一般在封閉環境進行，與外界環境的接觸比較少，風險通常比較可控。從事安全等級為 I 和 II 的農業轉基因生物實驗研究，只需要相關單位農業轉基因生物安全小組批准，從事安

37　Gene Technology Act Division 7.
38　中國環境科學研究院：《轉基因植物環境釋放風險評估導則（徵求意見稿）編制說明》。

全等級為 III 和 IV 的實驗研究，才需向農業轉基因生物安全管理辦公室報告。相較之下，中間實驗指在控制系統內或者控制條件下進行的小規模試驗，與外界環境接觸的可能性增加。因此，所有等級的農業轉基因生物中間試驗，試驗單位應當向農業轉基因生物安全管理辦公室報告。（2）生產與加工許可。根據《農業轉基因生物安全管理條例》，生產轉基因植物種子、種畜禽、水產苗種，應當取得國務院農業行政主管部門頒發的生產許可證。經營轉基因植物種子、種畜禽、水產苗種的單位和個人，應當取得國務院農業行政主管部門頒發的經營許可證。（3）農民種植轉基因作物無需申請許可。2010 年 7 月，國務院發佈《關於第五批取消和下放管理層級行政審批項目的決定》（國發〔2010〕21 號），決定取消農民養殖、種植轉基因動植物審批。

基因污染風險規制與法律救濟

第二節　轉基因作物風險評估

　　針對轉基因作物研究和應用可能造成的風險，經濟合作與發展組織 1986 年發佈《重組 DNA 技術組織工業、農業和環境應用安全考慮》（*Safety considerations for industrial, agricultural and environmental applications of organisms derived by recombinant DNA techniques*）。這是全球第一份有關轉基因技術應用的國際安全守則，被稱為「藍皮書」。《重組 DNA 技術組織工業、農業和環境應用安全考慮》提出，使用風險較高的重組 DNA 生物時需要確定額外的風險評估標準，而且應參考並根據現有數據庫中的信息，在研究和開發過程中逐步評估，將潛在風險降到最低。一些國家立法明確了轉基因技術風險評估。2000 年《生物安全議定書》旨在依循《里約宣言》原則 15 所訂立的風險預防原則，協助確保在安全轉移、處理和使用轉基因生物採取充分的保護措施，並要求各締約方應確保在從事轉基因生物的研製、處理、運輸、使用、轉移和釋放時，防止或減少其對生物多樣性構成的風險，同時亦應顧及對人類健康所構成的風險。風險評估是實現上述目標的主要工具。《生物安全議定書》第 15 條要求各締約方在批准轉基因生物進口時進行風險評估，並在附件 3 列明風險評估程序。

一、轉基因作物風險評估原則

　　儘管各國轉基因生物風險規制理念和模式上存在差異，但是在《生物安全議定書》和其他國際文件的推動下，轉基因生物風險評估逐漸成為國際協調的、多階段的程序，形成了某些共同的原則。

　　第一，目標導向。轉基因生物可以用於不同的用途，如人類食用或動物飼料。用途不同，相應的規制目標存在差別。如用於人類食用的轉基因生物風險規制目標往往強調保障人體生命健康，風險評估側重過敏原或者毒性；用於動物飼料的轉基因生物風險規制目標強調動植物衛生，風險評估的重點在於毒性測試。換言之，應該根據轉基因生物的用途確定規制目標，繼而採取相應的風險評估和管理措施。轉基因作物釋放可能造成環境風險，一個共同的保護目標是生物多樣性。如《生物安全議定書》附件 3 規定，風險評估的目標是確定和評

價改性活生物體在可能的潛在接收環境中對生物多樣性的保護和可持續使用產生的不利影響，同時亦顧及對人類健康構成的風險。不過，生物多樣性這個詞語可能過於模糊和籠統，無法指導科學的風險評估。生態系統服務（ecosystem service）的概念有助於將生物多樣性的政策保護目標轉化為更具體、可操作的保護目標。[39] 根據聯合國千年生態系統評估，生態系統具有提供、調節、支持和文化服務等四個方面的功能。一種有價值的調節服務是由天敵提供的對害蟲的生物控制，即捕食者和寄生蟲的關係。

第二，科學性原則。雖然關於轉基因技術的安全性存在爭議，但是轉基因生物的風險評估必須遵循科學原則。《生物安全議定書》明確，風險評估應以科學上合理和透明的方式進行，並可考慮相關的國際組織的專家意見及其所訂立的準則。缺少科學知識或科學共識不應必然地被解釋為表明有一定程度的風險、沒有風險、或有可以接受的風險。除了透明這一程序性要求外，科學上合理（scientifically sound manner）的原則被各國接受。南非 1997 年《轉基因生物法》（Genetically Modified Organisms Act）明確，所有風險評估必須按照科學上合理的方式進行。歐盟食品安全局轉基因生物專家發佈的《轉基因植物環境風險評價》（Guidance on the Environmental Risk Assessment of Genetically Modified Plants）強調，應根據現有的科技數據和確定、收集和解釋相關數據的共同方法，以科學上合理的方式開展環境風險評價。[40]

何謂「科學上合理的方式」，可能存在爭議。然而，「科學上合理的方式」至少意味著風險評估需要以系統的方式進行，並由在與潛在不利影響的性質有關的領域具有適當資格和經驗的人進行。「科學上合理的方式」的要素可能包括審查和評估所有可獲得的相關科學信息、採用逐案評估、結構化和綜合的方法、使用適當的統計技術、同行評議、可信、透明和包容的評估機制；以及利用不同學科的專門知識和意見。[41]

第三，個案評估原則。轉基因生物的供體、修飾的基因、修飾的

39　Joachim Schiemann et al., "Risk Assessment and Regulation of Plants Modified by Modern Biotechniques: Current Status and Future Challenges", (2019) *Annual Review of Plant Biology* 70(1), pp. 699-726.

40　EFSA Panel on Genetically Modified Organisms, *Guidance on the environmental risk assessment of genetically modified plants (GMO)*.

41　Draft Principles for the Risk Analysis of Foods Derived from Modern Biotechnology, Report of the Third Meeting of the Codex Ad Hoc Intergovernmental Task Force on Foods derived from Biotechnology, Appendix II, ALINORM 03/34.

方法和釋放的環境存在差異，釋放轉基因作物可能造成的風險也不相同。因此，《生物安全議定書》和各國有關轉基因生物風險評估的規則普遍規定個案原則（case by case）。如《關於故意向環境中釋放轉基因生物的指令》附件 2 明確「環境風險評估應在個案的基礎上進行，這意味著所需的信息可能因有關轉基因生物的類型、其預期用途和潛在的接收環境而有所不同，同時考慮到環境中已有的轉基因生物」。《轉基因植物環境釋放風險評估導則》（徵求意見稿）亦強調，當評估或監測某一特定轉基因植物環境釋放的生態風險時，可以根據某一特定轉基因植物在特定環境中產生的具體風險進行評估與監測。《生物安全議定書》附件 3 指出，應結合存在於可能的潛在接收環境中的未經改變的受體或親本生物體所構成的風險，來考慮改性活生物體或其產品所涉及的風險。

需要注意的是，歐盟 30 年前制定轉基因生物監管框架時，確立了個案風險評估的方法，允許在對某一特定產品或性狀獲得足夠的經驗後可以簡化評估程序。《關於故意向環境中釋放轉基因生物的指令》第 7 條保留了這一原則，但在實踐中沒有得到太多的應用。歐洲食品安全局的風險評估指南變得越來越詳細，也通過歐盟第 503/2013 號條例和第 2018/350 號指令部分轉化為更嚴格的法律。這使得歐盟的轉基因生物風險評估程序越來越固定，以至於變得過於繁瑣，無法應對技術和科學的發展。[42]

二、轉基因作物風險評估程序

（一）風險評估的一般程序

風險評估是一個結構化的、合理的方法。根據與專家和其他利益相關者磋商所獲得的信息，基於科學與技術證據回答以下一系列關鍵問題：首先，什麼會帶來風險（風險識別）？考慮眾多可能產生健康風險或環境風險的情況；每個風險情形在轉基因生物和損害間建立合理的因果聯繫。其次，損害有多嚴重（風險確定——結果評估）？在識別可能的風險後，需要評估特定風險情形的潛在損害程度。再次，損害發生的可能性有多大（風險確定——可能性評估）？在識別可能的風險後，還需要確定每個風險情形中可能造成的單個環節。最後，

42 Dennis Eriksson, René Custers, Karin Edvardsson Björnberg, Sven Ove Hansson, Kai Purnhagen, Matin Qaim, Jörg Romeis, Joachim Schiemann, Stephan Schleissing, Jale Tosun, Richard G. F. Visser, "Options to Reform the European Union Legislation on GMOs: Risk Governance", (2020) *Trends in Biotechnology* 38(4), pp. 349-351.

關注的程度如何（風險評估）？根據損害的嚴重性和發生概率，風險可以區分為忽略不計（negligible）、低、中、高等幾種。風險評估決定是否需要減少風險的措施。

　　轉基因作物的風險評估大致遵循上述流程。《生物安全議定書》規定，風險評估工作中酌情採取下列步驟：（a）風險識別。鑒別與在可能的潛在接收環境中可能會對生物多樣性產生不利影響的轉基因生物相關的任何新異基因型和表型性狀，同時亦顧及對人類健康構成的風險；（b）風險確定。在顧及到所涉轉基因生物暴露於可能的潛在接收環境的程度和暴露類型的情況下，評價產生這些不利影響的可能性；（c）後果評價。評價一旦產生此種不利影響而可能會導致的後果；（d）總體風險評價。根據對所認明的產生不利影響的可能性及其後果進行的評價，估計轉基因生物所構成的總體風險；（e）風險管理策略。就所涉風險是否可以接受或可設法加以管理的問題提出建議，包括視需要訂立此類風險的管理戰略；（f）信息補充。在風險程度無法確定的情況下，可要求針對令人關注的具體問題提供進一步資料，或採用適宜的風險管理戰略和／或在接收環境中對所涉轉基因生物進行監測。其他國家一般在此基礎上構建轉基因生物風險評估程序。歐盟食品安全局轉基因專家組 2010 年發佈《轉基因植物環境風險評估指南》（*Guidance on Environmental Risk Assessment [ERA] of GM Plants*），環境風險評估的目標是在個案的基礎上，確定和評估轉基因植物的潛在不利影響，包括直接和間接的、直接或延遲的（包括累積的長期影響）。環境風險評估包括以下六個步驟：（1）問題的制定；（2）危害特徵描述；（3）暴露特徵的確定；（4）風險特徵描述；（5）風險管理策略；（6）整體風險評價和結論。

（二）我國的轉基因生物風險評估程序

　　1993 年《基因工程安全管理辦法》明確了生物安全評價制度。為了更好履行《生物安全議定書》義務，2001 年《農業轉基因生物安全管理條例》也明確國家建立農業轉基因生物安全評價制度，並要求國務院農業主管部門制定相應的標準和技術規範。依據《農業轉基因生物安全管理條例》，農業部 2002 年頒佈《農業轉基因生物安全評價管理辦法》，並於 2011、2017 年等多次修正。《農業轉基因生物安全評價管理辦法》採取了分級安全評價制度。

　　考慮到影響農業轉基因生物風險程度的因素包括受體生物特性、接受環境、操作技巧等，農業轉基因生物的安全評價按以下步驟進行。（1）確定受體生物的安全等級。按照對人類健康和環境的風險關

係，《農業轉基因生物安全評價管理辦法》將受體生物分為四個安全等級：I 級——未曾發生不利影響或者轉變為有害生物的可能性極低、II 級——有低度風險但可以通過控制措施完全避免、III 級——具有中度風險且通過控制措施基本可以避免、IV 級——有高度風險且尚無有效措施完全避免。（2）確定基因操作對受體生物安全等級的影響。《農業轉基因生物安全評價管理辦法》將基因操作對受體生物安全等級的影響分為三種類型：增加受體生物的安全性、不影響受體生物的安全性、降低受體生物的安全性。（3）確定轉基因生物的安全等級。根據受體生物的安全等級和基因操作對其安全等級的影響類型及影響程度，確定轉基因生物的安全等級。轉基因生物可分為四個等級：I 級（尚不存在危險）、II 級（具有低度危險）、III 級（具有中度危險）、IV 級（具有高度危險）。如安全等級為 IV 的受體生物，經類型 1 的基因操作而得到的轉基因生物，根據安全性增加的程度不同，其安全等級可為 I、II、III 或 IV，分級標準與受體生物的分級標準相同。

　　《農業轉基因生物安全評價管理辦法》五個附件分別針對轉基因植物、轉基因動物、轉基因微生物、轉基因產品等安全評價要求。相關主管部門一直未能針對轉基因生物的環境風險評估公佈風險評估規則。2019 年，生態環境部公佈《轉基因植物環境釋放風險評估導則》（徵求意見稿），規定了轉基因植物環境釋放風險評估的內容和程序。《轉基因植物環境釋放風險評估導則》（徵求意見稿）借鑒了《生物安全議定書》和其他國家的評估制度。轉基因植物環境釋放的風險評估一般包括以下五個步驟。

　　第一，風險識別。轉基因植物環境釋放的暴露路徑主要包括轉基因植物種子傳播、轉基因植物花粉擴散、轉基因植物凋落物和殘體遷移、轉基因植物根系分泌蛋白和昆蟲取食轉基因植物。基於上述暴露途徑識別轉基因植物可能引起的生態風險包括通過種子傳播引起的生態風險（如產生轉基因自生苗）、通過花粉擴散引起的生態風險（如與近緣種雜交產生轉基因後代）、殘體遷移或昆蟲取食可能出現的水體生物、土壤生物等風險。基於轉基因植物的風險暴露路徑進行識別使得風險評估過程更加清晰。

　　第二，風險評估，包括暴露程度評估和生態風險效應程度評估。對應前述種子傳播引起的生態風險，需要評估轉基因植物種子傳播的暴露程度，如轉基因植株的落粒性、轉基因種子在土壤中的生存時間、自生苗出苗率。對應前述花粉擴散引起的生態風險，需要評估轉基因植物花粉擴散的暴露程度，如花粉擴散距離，花粉中的轉基因表達蛋白的濃度，轉基因植物與近緣種的花期重合天數、自然雜交率。

第三，風險評估結論判定。根據以上風險評估的暴露程度和效應程度評估結果，結合不確定性程度，綜合判定轉基因植物環境釋放的生態風險。結論可根據具體的某種風險給出低風險、高風險、可控風險等三種層次。低風險是指暴露程度或／和效應程度為零或低；高風險是指暴露程度或／和效應程度較高；可控風險是指暴露程度或／和效應程度適中，通過採取一定措施能控制風險。例如，針對轉基因植物種子傳播的暴露途徑，暴露程度評估如果發現轉基因植株落粒性低、轉基因種子在土壤中的生存時間短、自生苗出苗率低等評估結果，而且效應程度評估發現自生苗的遺傳穩定性和生態適應性低，則可判定通過種子傳播產生自生苗的風險低。評估者應對轉基因植物環境釋放的生態風險進行詳細描述，包括風險評估的置信度、不確定性因素、其他支持評估結果的證據、風險評估的結果解釋等。

第四，風險管理策略制訂。根據轉基因植物環境釋放的風險評估及其結論判定，針對需要管理的具體生態風險及其風險特徵，制定適當的管理策略來降低其發生的可能性和效應程度。制定的策略應描述風險管理將如何減少暴露的可能性，如何減少轉基因植物釋放的生態風險的效應程度，並盡可能地量化可減少的程度。風險管理策略制定的目的是將轉基因植物相關的生態風險降低到不受關注的程度或可接受的範圍。同時應考慮發生潛在生態風險的不確定因素，並評估管理策略的可靠性和有效性。

第五，風險監測方案建議。基於以上風險評估結論和風險管理策略，同時，結合不確定性程度，判定轉基因植物環境釋放的哪些潛在生態風險需要進行監測，監測的相關生態風險內容有哪些，在哪些區域需要進行監測，什麼時間進行監測等。例如，在有轉基因植物近緣種的特定區域，需要監測是否出現轉基因雜交後代，轉基因雜交後代的出現概率有多高，轉基因雜交後代在環境中的生存和種群大小動態變化，以及轉基因植物與近緣種雜交後代的比例等。[43]

三、我國轉基因作物風險評估制度的完善

雖然我國已經初步建立轉基因作物風險評估制度，但是制度的某些方面仍存在不足，需要進一步完善。

第一，盡早出台環境風險評估標準。現階段，我國的轉基因生物風險評估規範由不同部門制定。如農業部門出台的農業轉基因生物風

43　中國環境科學研究院：《轉基因植物環境釋放風險評估導則（徵求意見稿）編制說明》。

險評估辦法、林業部門發佈的《開展林木轉基因工程活動審批管理辦法》《轉基因林木生物安全監測管理規定》《轉基因森林植物及其產品安全性評價技術規程》等標準、環境保護部門發佈的《抗蟲轉基因植物生態環境安全檢測導則（試行）》、原國家質量監督檢驗檢疫總局2004年發佈《進出境轉基因產品檢驗檢疫管理辦法》。這些風險評估規範主要是依據農業轉基因生物安全管理程序中規定的轉基因生物安全評價進行，主要針對轉基因生物本身的性狀、生存能力、外源基因表達等某方面做出規定，缺乏對生態環境風險的關注。2019年，生態環境部組織公佈的《轉基因植物環境釋放風險評估導則》（徵求意見稿）尚未正式採納。

第二，改進風險評估模式。早期向環境釋放轉基因作物時，相應的科學研究和實踐經驗比較有限。關於轉基因作物的環境風險評估，往常都是依照化學品的風險評估模式展開，以毒性為評估主要內容。化學品風險評估的經驗教訓，如考慮不確定性、保持靈活度、知識的多樣性和累積效應等，為轉基因生物風險評估提供很好的基礎。[44] 但是，轉基因作物與化學品在結構和特性方面都存在不同，如生物可以繁衍和繁殖。化學風險評估主要考慮的是毒性危害，但有些生物有很長的歷史，會造成毒性以外的危害。此外，對植物和動物的風險評估通常會考慮增加入侵性的可能性。其次，基因修飾首先在分子水平上發揮作用，即改變基因、蛋白質或代謝物。然而，這些變化所引起的表型特徵（如毒性、除草劑耐受性或非生物壓力耐受性）才可能對人類健康或環境產生潛在的影響。因此轉基因作物風險評估必須考慮作物的特性、生長規律等因素。[45]

第三，完善風險評估公眾參與。《農業轉基因生物安全評價管理辦法》附件1規定了轉基因植物安全評價，主要內容包括受體植物的安全性、基因操作的安全性、轉基因植物的安全性等方面。根據《農業轉基因生物安全評價管理辦法》之規定，國家農業轉基因生物安全委員會進行安全評價。2013年之前，農業轉基因生物安全委員會組成就被質疑。2013年，農業部辦公廳印發《農業轉基因生物安全委員會工作規則》。根據這一工作規則，農業轉基因生物安全委員會委員應符合五個條件，包括政治品德、專業技能、高級職稱、身體健康和中國

44　Ryan A. Hill, Cyrie Sendashonga, "General principles for risk assessment of living modified organisms: lessons from chemical risk assessment", (2003) *Environmental Biosafety Research* 2(2), pp. 81-88.

45　Paul K. Keese, Andrea V. Robold, Ruth C. Myers et al., "Applying a weed risk assessment approach to GM crops", (2014) *Transgenic Research* 23(6), pp. 957-969.

國籍。[46] 可見在農業轉基因生物的風險評價中，並無其他利益相關者的參與。因此，有學者批評，目前能夠支持公眾參與社會公共政策的制度並未形成，已有行政聽證程序範圍狹窄，在地區發展政策決策上難於發揮作用，因而如何發展轉基因技術作為社會公共政策進行公眾參與的渠道尚未暢通，公眾難於全面而充分地表達意志，無益於整個社會問題的科學解決。[47]

　　比較法上，很多國家都強調轉基因許可時的公眾參與。如南非2010 年《轉基因生物法》規定，如果申請向環境中釋放轉基因生物，申請人至少需要在三份全國性的報紙上通知。對於試驗釋放（trial release），申請人至少需要在兩份周邊地區的報紙和一份全國性的報紙上公佈通知。當試驗釋放的周邊地區沒有可以公佈的報紙時，申請人需要通過其他有效的溝通方式告知公眾。因此，有必要在轉基因生物風險評價中引入公眾參與環節。具體制度設計上，可以借鑒環境影響評價公眾參與制度，要求在風險評估階段必須賦予受影響的公眾參與的機會。[48]

---

46 安委會委員應具備以下條件：（1）擁護黨的路線、方針、政策，具有較強的社會責任感，遵紀守法，作風正派，恪守科學道德；（2）具有轉基因生物技術研究、食品安全、植物保護、環境保護、檢驗檢疫等一項或多項專業背景，熟悉轉基因生物安全相關法律法規及知識；（3）具有副高級及以上技術職稱；（4）身體健康，熱心轉基因生物安全評價工作，本人自願且能夠保證履行委員各項義務；（5）具有中華人民共和國國籍。

47 劉旭霞、劉淵博：《論我國轉基因生物技術發展中的公眾參與》，載《自然辯證法研究》2015年第 5 期。

48 闞占文：《自然保護地分區管控的法律表達》，載《甘肅政法大學學報》2021 年第 3 期。

第三節　轉基因作物風險管理

　　在識別轉基因生物可能導致的風險類型及發生概率後，各國監管機構需要制定風險管理計劃，管理、防範相關風險。在制定風險管理計劃時，需要回答下列問題：風險評估的結果是什麼、有哪些管理風險的措施、風險管理措施的有效性怎樣、風險管理措施的可行性或者兼容性、那項措施能取得最理想的效果、風險管理措施是否帶來新的風險。在評估風險且認為需要採取措施後，監管機構將設定許可條件，選擇減少、減緩或者避免風險的措施。在確定風險管理措施時，需要考慮準備進行的活動、申請人提議的控制或限制措施、生物的性質和特點、轉基因生物的性狀、輸入基因的數量和位置等。從技術層面看，轉基因生物的環境風險通過控制系統實現，包括物理控制措施、化學控制措施、生物控制措施、環境控制措施和規模控制措施等。

一、物理和化學控制措施

　　根據《農業轉基因生物安全評價管理辦法》，物理控制措施指利用物理方法限制轉基因生物及其產物在實驗區外的生存及擴散。常見的物理控制措施包括設置尼龍網、網罩、過濾器或者柵欄，防止轉基因生物及其產物從實驗空間逃逸或者被人或動物攜帶至實驗區外。物理隔離策略僅僅在實驗室條件和溫室條件下才能發揮作用，在大面積種植的農業生產中不切實際。而且，此種隔離策略的成本非常高，難以承受。至於化學控制措施，係指利用化學方法限制轉基因生物及其產物的生存、擴散或殘留，如生物材料、工具和設施的消毒。

二、生物控制措施

　　物理或化學控制措施不能完全消除基因漂移的機會。因為轉基因植物的基因漂移主要通過花粉或者種子等媒介傳播，花粉粒是遺傳物質從一種植物轉移到另一種植物的主要生物途徑。利用轉基因植物的生物學特性，建立生物屏障，可以有效阻止基因污染。

　　第一，保持適度空間距離。花粉介導的基因漂移一般通過風媒或

蟲媒進行，這些媒介的傳播距離相對有限。很多研究已經證實，增加兩個相容作物的距離將顯著降低基因污染的頻率。比如在玉米中，發現在距離風流方向的源植物 10 米處，花粉沉積率在 10 至 100 個／平方米之間；在距離 1000 米處，沉積率只有 0.001 至 0.0002 個花粉粒／平方米；玉米 99% 以上的花粉粒是在 30 米的距離內沉積的。[49] 將隔離距離和在供體和受體相容物種之間引入分離作物的組合已成為轉基因棉花花粉介導的基因漂移的有效策略。[50] 需要注意的是，空間上的隔離效果受種植面積影響。例如，在 0.25 公頃的地塊中，異花授粉率為 1.77%，隨著地塊面積增加到 1 公頃，該比例降低到 0.83%。[51] 各國普遍將建立隔離帶或保持距離作為控制基因污染的方法。如《德國基因工程法》要求種植轉基因作物時必須保持最短的隔離距離。

第二，花期不遇。採取時間上的開花時間的差異，或源種和匯種之間不重疊的花期（floral phenology），可以減少或完全消除農業領域中兩個兼容物種之間的雜交機會。將播種時間相隔 1 周，可以產生不同的花期，使得受體物種的交叉受精授粉減少 50%，而當播種時間差為 3 周時，則減少 75%。因此，間隔播種時間可以大大減少基因流動的機會。[52] 開花相似性指數比較了可能進行雜交的物種之間開花程度的同步性，以預測時間隔離的效率。不同物種的開花模式被轉化為概率密度分佈，即開花密度分佈，然後作為時間距離的函數進行評估，使用花粉密度的代理。這已被提出來作為作物親緣關係之間雜交概率的一個更好的指標。因此，與使用花期重疊的簡單測量相比，這個指數應該被用來預測基因流動的可能性。Ohigashi 等人的研究表明，花期的時間障礙可以有效地防止大豆的轉基因和野生近緣植物的不良雜交。[53]

第三，改變作物特性。基因工程工具可用於改變生物特性，如花的發育、雄性和雌性生育力、裂殖和無性繁殖，以防止轉基因的逃

49 Nathalie Jarosz, Benjamin Loubet, Brigitte Durand, Xavier Foueillassar, Laurent Huber, "Variations in maize pollen emission and deposition in relation to microclimate", (2005) *Environmental Science & Technology* 39(12), pp. 4377-4384.

50 Shuo Yan, Weilong Zhu, Boyu Zhang, Xinmi Zhang, Jialin Zhu, Jizhe Shi, Pengxiang Wu, Fengming Wu, Xiangrui Li, Qingwen Zhang, Xiaoxia Liu., "Pollen-mediated gene flow from transgenic cotton is constrained by physical isolation measures", (2018) *Scientific Reports* 8(1), p. 2862. doi: 10.1038/s41598-018-21312-1. PMID: 29434358; PMCID: PMC5809611.

51 Yann Devos, Dirk Reheul, Adinda De Schrijver, "The co-existence between transgenic and non-transgenic maize in the European Union: a focus on pollen flow and cross-fertilization", (2005) *Environmental Biosafety Research* 4(2), pp. 71-87.

52 Ibid.

53 Kentaro Ohigashi, Aki Mizuguti, Yasuyuki Yoshimura, Kazuhito Matsuo, Tetsuhisa Miwa, "A new method for evaluating flowering synchrony to support the temporal isolation of genetically modified crops from their wild relatives", (2014) *Journal of Plant Research* 127(1), pp. 109-117.

逸。一系列利用生物屏障防止轉基因漂移的分子工具被歸類為基因使用限制技術（Genetic Use Restriction Technologies, GURTs）。這類技術被進一步分為特定性狀的基因使用限制（T-GURTs）和品種基因使用限制（V-GURTs）。T-GURTs 限制轉基因在轉基因植物上的表達，而 V-GURTs 通過干擾植物發育和繁殖如花粉或種子活力、遺傳和傳播來限制轉基因流動。[54]

雄性不育（male sterility）技術典型地反映了基因使用限制技術的特徵與不足。雄性不育是代表性的基因使用限制技術，可以在防止基因漂移方面發揮直接作用。一些基因或者其他調控元素在花粉發育、成熟或散播中發揮重要作用，通過阻礙花粉的發育、成熟或者傳播來防治基因漂移的做法被稱為雄性不育。最早實現雄性不育的是轉基因煙草和轉基因油菜中的條蟲特異性基因（TA29）的突變。[55] 一種新的轉基因切除策略，即由花粉特異性啟動子和種子特異性啟動子驅動來控制 FLP 基因的表達，已被用於刪除功能性轉基因，使得從轉基因植物產生非轉基因花粉和種子，因此可以成為通過花粉和種子遏制基因的另一種分子工具。[56] 這種策略只影響雄配子的適配性，轉基因花有可能被雜草或野生型植物授粉，最終產生一個包括轉基因成分的不受歡迎的雜交種。此外，幾乎無法實現 100% 的雄性不育，所以轉基因逃逸的機會仍然存在。

第四，其他生物控制措施。以上討論的基於空間、時間分離或生物不相容的遏制方法都不是萬無一失的，都有基因逃逸的可能性，也就是說，轉基因有可能與它們密切相關的野生或雜草物種雜交。轉基因緩解作為一種方法，是基於主要轉基因被一些緩解基因緊緊包圍的策略。[57] 這些側翼的緩解基因要麼是中性的，要麼是對作物有益的，要麼是致命的，要麼是對受體雜草有選擇性的不利。因此，將轉基因引入雜草基因組會使匯入或接受的物種處於競爭劣勢。緩解基因可以根

54　Melissa J. Hills, Linda Hall, Paul G. Arnison, Allen G. Good, "Genetic use restriction technologies (GURTs): strategies to impede transgene movement", (2007) *Trends in Plant Science* 12(4), pp. 177-183. Luca Lombardo, "Genetic use restriction technologies: a review", (2014) *Plant Biotechnology Journal* 12(8), pp. 995-1005.

55　C. Mariani, M. de Beuckeleer, J. Treuttner, R. B. Goldberg, "Induction of male sterility in plants by a chimaeric ribonuclease gene", (1990) *Nature* 347(6295), p. 737.

56　Keming Luo, Hui Duan, Degang Zhao, Xuelian Zheng, Wei Deng, Yongqin Chen et al., " 'GM-gene-deletor' : fused loxP-FRT recognition sequences dramatically improve the efficiency of FLP or CRE recombinase on transgene excision from pollen and seed of tobacco plants", (2007) *Plant Biotechnology Journal* 5(2), pp. 263-374.

57　Jonathan Gressel, Bernal E. Valverde, "A strategy to provide long-term control of weedy rice while mitigating herbicide resistance transgene flow, and its potential use for other crops with related weeds", (2009) *Pest Management Science* 65(7), pp. 723-731.

據雜草和作物的生長參數或化學敏感性的差異來決定。種子休眠、種子成熟、果實破碎、植物生長和開花模式等過程可以影響雜草的生存能力。

參與這些途徑的幾個基因已經被破譯，它們可以作為轉基因緩解的候選基因，以減少轉基因的流動。雜草植物會在一段時間內散播它們的種子。因此，防止果實破碎和阻礙種子散播的基因可以被認為對雜草有害。已經在擬南芥和十字花科植物中研究了諸如 INDEHISCENT 等基因。[58] 這些基因使子葉不裂，可以證明對轉基因作物是有利的，因為可以防止因果實破碎造成的損失。這些基因對雜草不利，因為可以通過防止種子散播來消除雜草，可以考慮作為轉基因緩解策略的候選基因。

三、環境與規模控制措施

環境控制措施，係指利用環境條件限制轉基因生物及其產物的生存、繁殖、擴散或殘留，如控制溫度、水份、光週期等。規模控制措施，係指盡可能地減少用於試驗的轉基因生物及其產物的數量或減小試驗區的面積，以降低轉基因生物及其產物廣泛擴散的可能性，在出現預想不到的後果時，能比較徹底地將轉基因生物及其產物消除。

58　Thomas Girin, Pauline Stephenson, Cassandra Goldsack, Sherry A. Kempin, Amandine Perez, Nuno Pires et al., "Brassicaceae INDEHISCENT genes specify valve margin cell fate and repress replum formation", (2010) *The Plant Journal* 63(2), pp. 329-338.

第四章

轉基因食品
標識管理

　　生活在現代社會中的人們經常遇到各式各樣的標識、標誌、符號等。這些標識、標誌和符號提供了豐富的信息、表徵著特定的含義，廣泛而深刻地影響著人們的行為。在眾多的標識中，與人們選擇和購買食品或飲食服務密切相關的就是食品標識。基於食品標識的特性與重要功能，各國或地區很早就對轉基因食品標識進行規制。隨著食品科學技術的演進、社會膳食文化和結構的變遷，食品標識不再僅僅局限於傳統的消費者購物幫手功能，日益成為一項重要的規制工具。

第一節　食品標識的法律屬性

一、食品標識的界定

　　根據《現代漢語詞典》的定義，標籤是名詞，指貼在或繫在物品上，標明品名、用途和價格等的紙片。標示則為動詞，意為標明、顯示。可見，不宜用食品標示來表達食品標籤。另一方面，標識既可做名詞，也可作動詞。作為名詞的標識指用來識別的記號，如商標標識。[1] 在這個意義上，標識和標籤近似，都是表明特徵的記號或事物。這一結論在一定程度上得到當下規範性文件的印證。如原衛生部 1996 年頒佈的《保健食品標識規定》第 2 條的規定更加明確。食品標識即通常所說的食品標籤，包括食品包裝上的文字、圖形、符號以及說明物。藉以顯示或說明食品的特徵、作用、保存條件與期限、食用人群與食用方法，以及其他有關信息。而且，行政機關在執法過程中也經常將「標籤標識」放在一起。如 2013 年衛生部辦公廳、農業部辦公廳《關於綠色食品標籤標識有關問題的覆函》、2016 年《食品藥品監管總局辦公廳關於開展嬰幼兒配方乳粉標籤標識規範和監督檢查工作的通知》等。然而，全面考察我國當下關於食品標籤的規範、比較法上食品標籤標識的立法與實踐和國際法上的措詞，可以發現食品標籤與食品標識的差異。

　　第一，當下法律文本的表達。我國法律法規、規章、標準和規範性文件中關於食品標籤和食品標識的使用比較混亂。標籤和標識的使用有三種方式：（1）把食品標籤和食品標識視為可互換的兩個概念，都指食品包裝上的說明物。除了前述《保健食品標識規定》第 2 條之規定外，根據原國家質量監督檢驗檢疫總局 2009 年頒佈的《食品標識管理規定》第 3 條，食品標識是指粘貼、印刷、標記在食品或者其包裝上，用以表示食品名稱、質量等級、商品量、食用或者使用方法、生產者或者銷售者等相關信息的文字、符號、數字、圖案以及其他說

1　《現代漢語詞典》（第 7 版）（北京：商務印書館 2016 年版），第 84、85 頁。

明的總稱。《產品質量法》和《產品標識標注規定》亦是如此。[2] 行政機關也經常混用標籤標識。[3]（2）擴大解釋食品標籤定義中「一切說明物」的概念。2012 年《進出口預包裝食品標籤檢驗監督管理規定》適用於進出口預包裝食品標籤（含說明書）的檢驗和監督管理工作。同樣，《食品安全國家標準預包裝食品標籤通則》（GB 7718-2011）4.1. 規定，「如果在食品標籤或食品說明書上特別強調添加了或含有一種或多種有價值、有特性的配料或成分，應標示所強調配料或成分的添加量或在成品中的含量」。標籤和食品說明書屬並列關係。（3）在更寬泛的意義上使用「標識」，標籤屬標識的內容之一。2006 年《農產品包裝和標識管理辦法》在農產品標識方面規定，未包裝的農產品，應當採取附加標籤、標識牌、標識帶、說明書等形式標明農產品的品名、生產地、生產者或者銷售者名稱等內容。標識包括標籤、標識帶、標識牌、說明書等。

　　第二，國際法上的考察。國際食品法典委員會在《預包裝食品標識法典通用標準》區分了「標籤（label）」和「標識（labelling）」兩個概念。根據《食品添加劑銷售標識通用標準》（CODEX STAN 107-1981），標籤是指包括在包裝容器上書寫的文字、模刻的圖案、印刷物、標記、壓印的花紋、圖形圖章或附在其中的任一標牌、商標、標識、圖示或其他描述性的材料；而標識包括標籤以及食品添加劑所附隨的、其內容與添加劑有關的任何文字、標記或圖形材料。該術語不包括賬單、發票以及其他類似材料。2000 年《生物安全議定書》第 18 條要求作為本議定書締約方會議的締約方大會，應在不遲於本議定書生效後兩年，就此方面的詳細要求、包括對其名稱和任何獨特標識的具體說明作出決定。此條款使用了「標識」的表述。或許是因為《生物安全議定書》如此規定，內地關於轉基因生物包裝上說明物的法律

2　1997 年《產品標識標注規定》規定，本規定所稱產品標識是指用於識別產品及其質量、數量、特徵、特性和使用方法所做的各種表示的統稱。產品標識可以用文字、符合、數字、圖案以及其他說明物等表示。2018 年《產品質量法》規定，產品或者其包裝上的標識必須真實，並符合下列要求：(1) 有產品質量檢驗合格證明；（2）有中文標明的產品名稱、生產廠廠名和廠址；（3）根據產品的特點和使用要求，需要標明產品規格、等級、所含主要成分的名稱和含量的，用中文相應予以標明；需要事先讓消費者知曉的，應當在外包裝上標明，或者預先向消費者提供有關資料；（4）限期使用的產品，應當在顯著位置清晰地標明生產日期和安全使用期或者失效日期；（5）使用不當，容易造成產品本身損壞或者可能危及人身、財產安全的產品，應當有警示標誌或者中文警示說明。

3　《國家藥品監督管理局辦公室關於中藥飲片標籤標識有關問題的覆函》（藥監辦函〔2018〕200 號）、《國家食品藥品監督管理總局辦公廳關於食用調和油標籤標識有關問題的覆函》（食藥監辦食監一函〔2018〕90 號）、《國家食品藥品監督管理總局關於 5 月嬰幼兒配方乳粉 2 批次標籤標識不符合食品安全國家標準情況的通告》（國家食品藥品監督管理總局通告 2017 年第 98 號）。

規範和理論研究幾乎都是使用「標識」。[4]

第三，比較法上的立法與實踐。同樣，《美國食品、藥品和化妝品法》也區分「標籤」與「標識」。標識指在物品容器或包裝上的、或隨附物品的所有標籤和其他書寫文字、印刷文字或圖形。可見，美國法上的「標籤」和「標識」存在非常密切的聯繫，但這兩個詞語的差異也非常巨大。*Kordel v. United States* 涉及美國食品藥品監督管理局（U. S. Food and Drug Administration，FDA）規制「標籤」的職權範圍，是一個具有里程碑意義的案件。[5] Kordel 從圖書館查找保健食品的文獻並進行寫作和演講。1941 年以來，他一直在推銷自己的保健食品，這些食品似乎是各種維生素、礦物質和草藥組成的化合物。Kordel 向銷售商提供食品、活頁或用戶手冊等文獻，宣傳食品的功效。這些保健食品被視為《美國食品、藥品和化妝品法》中的藥物。Kordel 受到在洲際貿易中交付錯誤標籤藥品等 20 項罪名的信息的指控。Kordel 主張這些文獻不屬「標籤」，因此不適用《美國食品、藥品和化妝品法》的「錯誤標籤」條款。

針對沒有和藥品一起運輸的這些文獻是否能適用《美國食品、藥品和化妝品法》的錯誤標籤條款，美國聯邦最高法院駁回申請人的主張，主要理由有三點：（1）《美國食品、藥品和化妝品法》把「標識」定義為「在物品容器或包裝上的、或隨附物品的所有標籤和其他書寫文字、印刷文字或圖形」，違反這些條款構成犯罪。在這種情況下，藥物和文獻有共同起源和目的地。文獻被用於出售這些藥物，解釋這些藥物的用途。沒有這些文獻，購買者無從得知如何使用它們。它構成了一個附著於包裝上的標籤的必要補充。因此，藥物和文獻是相互依存的。（2）主張這些藥品不屬錯誤標籤，可能是極度狹隘地閱讀該法案。如果認為當文獻和藥物在同一個容器中運輸時，這些藥物才屬錯誤標籤；而文獻和藥物在不同的容器中運輸，就沒有貼錯標籤。事實上，這種解釋確實會造成明顯的漏洞，導致該法案保護消費者的目標可能無法實現。負責執法的行政機構沒有接受任何此類限制性解釋。因此裁定，「伴隨此類物品」不限於運輸中的物品包裝上的標籤。（3）依據第 201（m）節的第一個條款，「在任何物品或它的任何容器

4　如《農業轉基因生物標識管理辦法》。研究成果參見金燕軍：《不同國家和地區轉基因產品標識管理政策的比較》，載《農業生物技術學報》2004 年第 12 期；竺效：《論轉基因食品之信息敏感風險的強制標識法理基》，載《法學家》2015 年第 2 期；茆巍、劉博：《美國轉基因食品標識政策的可能變化與展望》，載《中國軟科學》2014 年第 8 期；闕占文：《食品標識中的轉基因信息披露：以商業言論為視角》，載《政法論叢》2017 年第 5 期。

5　*Kordel v. United States*, 335 U.S. 345(1948).

或包裝紙的所有標籤」明顯包含物品運輸過程中廣告或包裝中的描述性內容。第 2 條「附隨（accompanying）此類物品」沒有具體提及包裝、容器或其內容，但它顯然包含了包裝上的內容，無論是否在物品或其包裝物或容器上，但第 2 條沒有說「附隨」包裝或容器中的這類物品，「我們在解釋文本看到引入其他單詞的原因。如果一個物品補充或解釋另一個物品，該物品就附隨另一物品。沒有必要要求兩者在物理上相連。重要的是這些物品之間的文字聯繫。本案就顯示了這一點」。*Kordel v. United States* 對標識的解釋非常寬泛，因為這些物品是在不同時間運輸的。美國法院在隨後的案例中遵循了這一解釋。在 *United States v. Urbuteit* 案中，雖然小冊子和與醫療器械分開運輸，法院仍舊認定兩者的相互關聯足以使得小冊子被認定為標籤。如果產品與文獻沒有整合在一起時，法院很少認定這些文獻屬標識。[6]

可見，比較法和國際法上「標籤」和「標識」是不同的概念。本書採廣義的食品標識定義，指食品包裝上的文字、圖形、符號及一切說明物，包括附隨食品或在食品附近展示（包括為促銷或贈送目的）的所有文字、印刷或圖形材料。

二、食品標識的類型

根據不同標準，可以對食品標識做出不同分類。根據食品的包裝類型、食品的特性與功效、食品的進口狀況等標準，可以把食品標識大致分為以下三類：（1）預包裝、非預包裝食品和現製現售食品標識；（2）普通食品標識與非普通食品標識；（3）國內食品標識與進口食品標識。[7]

第一，預包裝、非預包裝食品和現製現售食品標識。國際食品法典委員會標準和《中華人民共和國食品安全法》將食品分為預包裝食品、非預包裝食品和現製現售食品，相應的標識分為預包裝食品標識、散裝食品標識和現製現售食品標識。根據《食品安全法》和《預包裝食品標識通則》（GB7718-2011），預包裝食品指預先定量包裝或者製作在包裝材料和容器中的食品，包括預先定量包裝以及預先定量製作在包裝材料和容器中並且在一定量限範圍內具有統一的質量或體積標識的食品。對於非預包裝食品，中央和地方立法多使用「散裝食

6　如 *United States v. 24 Bottles Sterling Vinegar & Honey*，這些書宣傳醋和蜂蜜的健康益處，但並非為了提高 Sterling 醋和蜂蜜的銷量，法院據此認為他們不屬標識。

7　劉源、顧煜朝：《食品標識法律制度比較研究》（北京：中國政法大學出版社 2016 年版），第 12-14 頁。

品」的措詞。比如衛生部 2003 年頒佈的《散裝食品衛生管理規範》規定，散裝食品是指無預包裝的食品、食品原料及加工半成品，但不包括新鮮蔬果，以及需清洗後加工的原糧、鮮凍畜禽產品和水產品等。2017 年《廣東省食品藥品監督管理局散裝食品經營管理規範》所稱的散裝食品，指無預先定量包裝，需計量銷售的食品（含現場製作並直接銷售給消費者的食品），包括無包裝和帶非定量包裝的食品。

由於預包裝食品、非預包裝食品的和現製現售食品的標識要求不同，確定食品的屬性就成為適用不同法律規範、標準的前提。在北京味多美食品有限責任公司與吳俊華買賣合同糾紛中，原告吳俊華在味多美公司的三家西餅店處訂購生日蛋糕等食品共計花費 56256 元，並開具了正規發票。吳俊華按照味多美公司的提示提取了蛋糕，發現食品並未標明保質期、配料表、生產廠家、淨含量等法定信息，提出賠償的訴訟請求。一審法院認定，在裱花蛋糕沒有國家標準及地方標準的情況下，應當以企業標準為依據。《中華人民共和國裱花蛋糕行業標準》（SB/T10329-2000）第 1 條規定：「本標準規定了裱花蛋糕的產品分類、技術要求、試驗方法、檢驗規則和標誌、標籤、包裝、運輸、貯存要求。本標準適用於在蛋糕表面裱花的各類蛋糕。」該標準第 8.1 條規定：「應按 GB7718 的規定在包裝盒上標明：產品名稱、配料表、淨含量、製造者的名稱和地址、生產日期、保質期、貯藏條件和產品標準號。」涉案裱花蛋糕的包裝盒上未標明任何信息，故屬不符合食品安全標準的食品。二審法院推翻一審法院的判決。涉案蛋糕是接受顧客預訂，現場製作現場交付給顧客的現制現售產品。涉案門店取得的是餐飲服務許可證，而不是生產許可證，產品類型為現制現售的類別（不屬預包裝食品，也不屬散裝食品）。本案所有法律適用及食品安全標準，均應以現制現售產品為依據。而且，依據《行業標準管理辦法》第 16 條第 2 項，一審判決適用的《中華人民共和國裱花蛋糕行業標準》（SB/T10329-2000）是推薦性行業標準。關於推薦性行業標準，是行業企業自願選用或與交易方合意選擇適用後，對當事人有約束力，否則，對當事人沒有任何約束力。《預包裝食品標識通則》（GB7718-2011）明確排斥了現制現售業態產品的適用，一審判決適用該標準錯誤。[8]

第二，普通食品標識與非普通食品標識。根據食品的性質和功能，可以大致將食品劃分為普通預包裝食品、特殊膳食食品、保健食

8　北京味多美食品有限責任公司與吳俊華買賣合同糾紛，北京市第二中級人民法院（2016）京 02 民終 387 號民事判決書。

品和食用農產品四個大類。特殊膳食用食品（foods for special dietary uses），是為滿足特殊的身體或生理狀況和（或）疾病、紊亂等狀態下的特定膳食需求而專門加工或配方的食品。這類食品的營養素和（或）其他營養成分的含量與可類比的普通食品有顯著不同。

特殊膳食用食品的類別主要包括嬰幼兒配方食品、嬰幼兒輔助食品、特殊醫學用途配方食品。預包裝特殊膳食用食品雖然有其適用人群的特殊性，但也是預包裝食品的一類，因此其強制性標示內容應與《預包裝食品標識通用標準》一致，但對於某些特殊內容，則應該適當強調。為此，國際組織和各國通常發佈針對特殊膳食食品的標識標準，如國際食品法典委員會發佈的《特殊膳食用預包裝食品標籤和聲稱通用標準》。國家衛計委 2013 年發佈《預包裝特殊膳食用食品標籤》（GB13432-2013）食品安全國家標準。

食用農產品，指在農業活動中獲得的供人食用的植物、動物、微生物及其產品。食用農產品是在農業活動中直接獲得的，或者雖然經過去皮、切割等加工，但仍未改變其基本自然性狀和化學性質的產品。[9] 針對食用農產品的標識，我國主要法律依據是 2006 年頒佈的《農產品包裝和標識管理辦法》。相對於預包裝食品，食用農產品的標識要求較為簡單。如果是包裝銷售的農產品，應當在包裝物上標注或者附加標識標明品名、產地、生產者或者銷售者名稱、生產日期；如果是未包裝的農產品，應當採取附加標籤、標識牌、標識帶、說明書等形式標明農產品的品名、生產地、生產者或者銷售者名稱等內容。[10]

保健食品係指表明具有特定保健功能的食品。即適宜於特定人群食用，具有調節機體功能，不以治療疾病為目的食品。[11] 1996 年，原衛生部頒佈了《保健食品標識規定》，對保健食品的標識內容和標識方式進行了粗略的規定。近年來，隨著保健食品市場的逐步擴大，保健食品標識亂象頻出。我國加大了對保健食品標識的治理力度。為加強保健食品監督管理，2009 年《食品安全法》第 51 條規定，聲稱具有特定保健功能的食品不得對人體產生急性、亞急性或者慢性危害，其標籤、說明書不得涉及疾病預防、治療功能，內容必須真實，應當載明適宜人群、不適宜人群、功效成分或者標誌性成分及其含量等；

9　《食用農產品市場銷售質量安全監督管理辦法》第 57 條。
10　《農產品包裝和標識管理辦法》第 10 條。
11　《保健食品標識規定》第 3 條。

產品的功能和成分必須與標籤、說明書相一致。[12] 國家食藥局組織起草了《保健食品標識說明書管理規定（徵求意見稿）》，並於 2010 年、2011 年、2013 年多次向社會公開徵求意見。針對保健食品功能聲稱不規範的問題，國家食藥局 2018 年發佈《關於規範保健食品功能聲稱標識的公告》，要求未經人群食用評價的保健食品，其標籤說明書載明的保健功能聲稱前增加「本品經動物實驗評價」的字樣。2019 年國家市場監管總局發佈《關於保健食品標識管理相關規定的公告（徵求意見稿）》，對保健食品的標識提出明確要求。

第三，國內食品標識與進口食品標識。隨著經濟全球化和一體化的縱深發展，消費者對進口農產品的需求日益增長。過去 10 年，農產品年貿易額增長了近 3 倍，其中主要是在新興經濟體和發展中國家。根據世界貿易組織統計，2015 年全球農產品總額達 1.7 萬億美元。[13] 2011 年我國已經成為全球第一大食品農產品進口市場。2017 年，全國共進口食品 142.9 萬批、5348.1 萬噸、582.8 億美元，同比分別增長 7.9%、36.5% 和 25.0%。近 5 年間，進口食品貿易額年均增長率為 5.7%。[14]

為了保護消費者的合法權益，規範進口食品市場正常秩序，各國一般要求進口食品根據本國食品標識規範進行標注。原國家進出口商品檢驗局 1994 年頒佈《進出口食品標籤管理辦法（試行）》，明確了進出口食品標識的管理機構、原則和罰則。原國家技術監督局、衛生檢疫局 1995 年發佈《關於加強進口預包裝食品標籤管理的通知》，要求進口預包裝食品標識必須符合《食品標籤通用標準》強制性國家標準，自 1996 年 9 月 1 日起，禁止標籤不符合上述「要求」的進口預包裝食品進口。[15]《食品安全法》明確了進口食品的標識要求，即進口的預包裝食品應當有中文標籤、中文說明書。標籤、說明書應當符合本法以及我國其他有關法律、行政法規的規定和食品安全國家標準的要求，載明食品的原產地以及境內代理商的名稱、地址、聯繫方式。預包裝食品沒有中文標籤、中文說明書或者標籤、說明書不符合規定

12　2015 年修訂的《食品安全法》進一步充實了保健食品監管的要求。針對保健食品標識，第 78 條規定，保健食品的標籤、說明書不得涉及疾病預防、治療功能，內容應當真實，與註冊或者備案的內容相一致，載明適宜人群、不適宜人群、功效成分或者標誌性成分及其含量等，並聲明「本品不能代替藥物」。保健食品的功能和成分應當與標籤、說明書相一致。

13　世界貿易組織：《國際貿易統計數據》（2015 年），世界貿易組織官網：www.wto.org，最後訪問日期：2019 年 6 月 9 日。

14　2017 年中國進口食品質量安全狀況，中國政府網：www.gov.cn，最後訪問日期：2019 年 6 月 5 日。

15　《關於加強進口預包裝食品標籤管理的通知》（技監局發〔1995〕05 號），1995 年 5 月 29 日。

的，不得進口。[16] 需要注意的是，一方面，進口食品需要滿足生產該食品所在國的法律和標準；另一方面，進口食品標識必須符合進口國的強制性國家標準。當涉案貨物從生產國向其他國家出口之時，進口貨物的國家對進口貨物的處理，是有一套嚴格的處理流程的，對於進口的食品是否可以在內地銷售，是由國家相關職能部門進行認定及處理的。然而，允許某一食品進口的事實並不能推定食品的標識符合進口國的強制性國家標準。[17]

三、食品標識的功能

「國以民為本、民以食為天」。食品與百姓的生活、健康等息息相關，也關乎國計民生。自古以來，食品生產經營者自願在食品標識中展示和宣傳食品屬性、價格等信息，幫助和引導消費者購買。隨著時間的推移和社會經濟發展，食品消費不再僅僅滿足於「填飽肚子」，消費者對營養健康、環境保護等美好生活更加期待。相應地，政府的食品政策目標發生轉變。食品標識中承載的信息更為複雜和多元，食品標識的功能亦發生變化。具體而言，食品標識的功能大致包括：

第一，展示和區分功能。很早以前，為了提高自家產品的顯示度，提醒購買者避免混淆不同的產品，食品生產經營者在食品標識上標注生產者身份、食品純度、新鮮度等信息。[18] 不過，受制於運輸和食品保鮮等技術，古代的食品生產消費往往局限在當地。而且，食品通常以散裝的形式銷售，消費者在購買前可以通過觀察、接觸等方式判斷食品的品質。食品加工技術、交通運輸技術、營銷模式和消費者需求在過去發生重大的變化，改變了傳統的消費者－生產者之間的親密關係。如今，無論是內地標準或國際食品法典委員會的標準，一般都要求在預包裝食品的標識上注明食品名稱、配料表、淨含量和規格、生產者和（或）經銷者的名稱、地址和聯繫方式、原產國、日期標記和保存説明、使用説明等信息。通過對這些信息的清晰、準確的描述，科學地向消費者傳遞食品的質量狀況、安全特性和食用方法等內容。

第二，促進產品銷售功能。信息是已知的一種影響人類決策的力量。信息的呈現方式、信息的感知和加工方式影響人的行為。在不完全信息的框架下，購買行為受到各種信息元素的指導。不完全信息在

16　2009 年《食品安全法》第 66 條。

17　葉潤軍與防城港盛世百匯商貿有限責任公司、防城港盛世百匯商貿有限責任公司防城分公司買賣合同糾紛，廣西壯族自治區防城港市中級人民法院（2016）桂 06 民終 114 號民事判決書。

18　FAO, *Handbook on Food Labelling to Protect Consumers* (FAO, 2016), p. 1.

食品領域非常顯著。消費者很難評估許多食品屬性和特徵。味道、風格或質量等難以觀察到的產品特徵本質上難以量化，但卻是需求的常見決定因素。在某些市場中，產品可能在物理外觀上相似，但消費者對產品質量，耐用性或狀態的看法不同。[19] 信息用於降低風險或最小化不確定性。信息幫助繪製了不熟悉的信息，並指導其他選擇。[20] 而且，標識或包裝也成為認可的標誌和價值觀的象徵。

第三，保障消費者權益功能。食品標識使消費者能夠了解正在使用或消費的產品的內容和成分。對於有特殊膳食要求的消費者，閱讀食品標識可以控制安全風險，保持消費者的人身健康。如食品中的某些原料或成分，被特定人群食用後會誘發過敏反應。有效的預防過敏手段之一就是在食品標識中標示所含有或可能含有的食品致敏物質，以便提示有過敏史的消費者選擇適合自己的食品。為此，各國都建立了過敏原的標示制度，要求生產經營者在食品標識中披露過敏原。另一方面，食品標識標注了生產者、經銷者的名稱、地址和聯繫方式。這有利於消費者確定生產經營者，了解食品的生產和加工主體，挑選出符合自身需求的食品。而且，《食品安全法》規定生產經營者對其提供的標識內容負責，禁止標注虛假生產日期、保質期或者超過保質期的食品、食品添加劑。

第四，實現公共政策目標功能。食品標識越來越多地將特定產品與消費者對健康、環境、文化和社會福利的興趣相關聯。標識政策包含更多的主題，體現著私人行動者和公共機構之間的互動。每個決定都反映了一個特定的監管進路和知識的狀態，受不同行動者、機構的影響。[21] 結果，食品標識不僅僅是一種最低限度的保護，也是促進消費者理性消費和不同食品生產實踐變化的政策工具。營養標識的出現並逐步從自願性走向強制性的過程，恰恰反映了公共健康政策考量。如我國 2004 年《預包裝食品標籤通則》（GB7718-2004）將能量和營養素列為非強制性標識內容。2011 年修改《預包裝食品標籤標準》時，將特殊膳食食品的能量和營養素列為強制性標示內容。[22] 這也標誌著我

19 Steven Berry, "Estimating Discrete-Choice Models of Product Differentiation", (1994) *The Rand Journal of Economics* 25(2), pp. 242-262.

20 Art Thomas and Gary Pickering, "The Importance of Wine Label Information", (2003) *International Journal of Wine Marketing* 15(2), pp. 58-74.

21 Janice Albert ed., *Innovations in Food Labelling* (Cambridge: Woodhead Publishing, 2010), p. 2.

22 《預包裝食品標識通則》（GB7718-2011）規定，特殊膳食類食品和專供嬰幼兒的主輔類食品，應當標示主要營養成分及其含量，標示方式按照 GB13432 執行。其他預包裝食品如需標示營養標識，標示方式參照相關法規標準執行。不過，衛生行政主管部門仍舊未制定正式的營養標識標準。

國食品營養標識制度正式建立，反映了營養標識不再僅僅被視為確保商業誠信的信息工具，而成為指導消費者選擇健康食品的健康促進工具和全球食品行業發展的營銷方式。[23]

四、食品標識中轉基因信息的言論屬性

由於言論自由在潤滑意見自由市場中所起的至關重要的作用，政治性言論在絕大多數西方民主國家憲法中得到了明確的保護。[24] 早期的言論自由一般只涵蓋高價值位階的政治性言論，排除商業言論等低價值位階的言論。美國聯邦最高法院 1976 年在 *Va. State Bd. of Pharmacy v. Va. Citizens Consumer Council, Inc.* 案中明確承認商業言論受憲法第一修正案的保護。如今，各國普遍承認商業言論屬憲法上言論自由的範疇。《憲法》第 35 條規定，中華人民共和國公民有言論、出版、集會、結社、遊行、示威的自由。憲法解釋機構沒有明確第 35 條言論之範疇。結合《憲法》第 35 條的文字表達和憲法修改的時代背景，學界通說認為《憲法》第 35 條的言論自由是廣義的言論自由，包括政治言論自由、商業言論自由、藝術言論自由、學術言論自由以及宗教言論自由等等。[25]

政治言論是言論自由的核心價值。商業言論雖然進入憲法言論自由的規範領域，且近年來商業言論自由的地位不斷上升，但商業言論的保護程度仍低於政治言論。[26] 要求憲法同等保護商業言論和非商業言論，可能會稀釋第一修正案保護非商業言論的力度。避免第一修正案遭到稀釋，我們為商業言論提供更有限的保護，與其在憲法第一修正案價值體系中的位置對應。作為解釋《歐洲人權公約》的司法機構，歐洲法院也一直堅持商業表達和藝術表達的受保護程度低於政治領域

---

23 Janice Albert ed., *Innovations in Food Labelling*, p. 38.

24 鄧輝：《言論自由原則在商業領域的拓展：美國商業言論原則評述》，載《中國人民大學學報》2004 年第 4 期。

25 參見許安標、劉松山：《中華人民共和國憲法通釋》（北京：中國法制出版社 2003 年版），第 111 頁。許崇德主編：《憲法》（第 4 版）（北京：中國人民大學出版社 2009 年版），第 186 頁。也見杜強強：《基本權利的規範領域和保護程度：對我國憲法第 35 條和第 41 條的規範比較》，載《法學研究》2011 年第 1 期；趙娟：《商業言論自由的憲法學思考》，載《江蘇行政學院學報》2009 年第 4 期。

26 在 *Sorrell v. IMS Health* 中，美國聯邦最高法院認為被審查的政府規制旨在對受保護的表達設定特殊的、以內容為基礎的負擔，需要接受嚴格的司法審查。這被有的法院和學者解釋為商業言論已經可以獲得與非商業言論不相上下的言論自由保護。

的表達自由。[27] 台灣地區大法官會議在 1996 年釋字第 414 號理由書中指出,「言論自由,在於保障意見之自由流通,使人民有取得充分資訊及自我實現之機會,包括政治、學術、宗教及商業言論等,並依其性質而有不同之保護範疇及限制之準則。其中非關公意形成、真理發現或信仰表達之商業言論,尚不能與其他言論自由之保障等量齊觀」。

在此背景下,商業言論的定義非常重要。美國聯邦最高法院最初以「主要動機」為判斷言論性質的標準,但主要動機標準有時也難以區分商業言論和非商業言論。美國法院一直未能發展出一套清晰的商業言論定義,而是綜合考慮言論的動機、言論表達形式、是否指向特定產品等因素,作個案考量。[28] 相似地,歐洲國家亦曾尋求對商業言論作出界定,但最終放棄了對商業言論下定義的努力,轉而尋求識別商業言論。[29] 實踐中,商業言論的核心內涵仍是商業交易。

就法理上的屬性而言,食品標識中的轉基因信息屬商業言論:首先,轉基因食品標識由食品生產者或經營者粘貼、印刷或標記。發佈轉基因信息的主體——食品生產者或經營者——通常都是營利性的商業機構。而且,食品標識粘貼、印刷、標記在特定食品上,顯示食品名稱和生產者信息。食品生產者或經營者在食品標識中發佈信息,旨在擴大企業和產品的影響力,使消費者了解、購買其所生產的食品。食品標識是賣方和買方或消費者交流的主要方式,主要目標在於促進商業交易。其次,轉基因信息雖有爭議,但不屬政治言論。對於大部分轉基因食品,當前並無充分科學證據顯示其健康、環境風險。[30]但是,消費者對轉基因食品的健康、環境風險的感受不同於科學家。有機食品、傳統食品和轉基因食品生產者或經營者對轉基因信息的態度也截然迥異。因此,在轉基因食品標識政策的形成和立法過程中,出現激烈的政治辯論,各執己見。可是,要求食品生產者披露的轉基因信息是事實性。因為法律僅僅要求食品生產者或經營者披露產品是否含有轉基因成分,並沒有要求生產者或經營者披露其對轉基因食品的觀點。要求表意者傳遞與其利益不一致的信息不會使得事實披露成

---

27 Ian Cram, *Contested Words: Legal Restriction on Freedom of Speech in Liberal Democracies* (Burlington, VT: Ashgate, 2006), p. 189. Sean P. Flanagan, "Up in Smoke? Commercial Free Speech in the United States and the European Union: Why Comprehensive Tobacco Advertising Bans Work in Europe, but Fail in the United States", (2011) *Suffolk University Law Review* 44(1).

28 *Bolger v. Youngs Drug Products Corp.*, 463 U.S. 60(1983).

29 蔡祖國、鄭友德:《不正當競爭規制與商業言論自由》,載《法律科學》2011 年第 2 期。

30 對於少數轉基因食品,科學研究已經顯示其可能存在致敏反應。對於此類食品,各國幾乎都無例外的要求轉基因食品生產者或經營者在食品標識中披露相關信息。食品法典委員會 2001 年會議上取得共識,含有過敏成分的轉基因食品應該標識。

為觀點表達。[31] 轉基因食品生產者或經營者仍可以表達其關於轉基因食品的看法。而且,幾乎每個食品背後都有環境、健康、能源政策的討論,僅僅這一點並不能使食品標識中的轉基因信息成為政治言論。

第四章　轉基因食品標識管理

31　*Grocery Manufacturer Association v. Sorrell*, 2015 U.S. Dist. LEXIS 56147.

第二節　轉基因信息的披露義務

　　標識是轉基因生物規制體系的一項重要內容。考慮到食品標識對技術未來發展的影響，各國或地區就轉基因食品標識進行了廣泛的討論。受前述實質等同和風險預防理念的影響，各國或地區形成了不同類型的轉基因食品標識制度。

　　從規制方式看，表達規制可以分為表達限制（suppression of speech）與表達強制（compelled speech）。前者一般禁止或限制規制對象作出某些表達；後者往往要求規制對象陳述某些信息。在美國憲法第一修正案上，在完全受保護的表達語境中強制表達和強制沉默有同等的憲法價值。[32] 這種解釋基於這個原則——說的權利和不說的權利（refrain from speaking）是個人寬泛的表達自由的相互補充的部分。[33] 美國聯邦最高法院解釋道，「第一修正案的核心是這樣一種觀念——個人應該自由相信他所相信的，在自由社會，個人的信仰應該根據他的思想和良心，而非國家強制」。[34]

　　食品標識中的信息可以依據表達限制與表達強制的類型予以區分。如果食品生產經營者在食品標識中標示虛假或誤導性信息，此種標示將因違法被禁止，此為表達限制。如果食品生產經營者因法定義務不得不披露的信息，如營養成分或轉基因成分，此為表達強制。商業表達限制與商業表達強制對表達的影響不同，法律規制行為接受司法審查的強度亦不同。本節先討論食品標識與商業表達強制，下一節論述食品標識與商業表達限制，特別是虛假或誤導性標識。

一、轉基因信息的強制性披露義務

　　從轉基因食品生產經營者的義務屬性看，可分為強制性標識和自願性標識。強制性標識，即只要食品中的轉基因成分達到法律規定的條件，生產經營者就必須在食品標識中披露轉基因信息，否則將承擔

32　*Riley v. Nat' l Fed' n of the Blind, Inc.*, 487 U.S. 781, 797 (1988).

33　*Wooley v. Maynard*, 430 U.S. 705, 714 (1977).

34　*Abood v. Detroit Bd. of Educ.*, 431 U.S. 209, 234-35 (1977).

不利的法律後果。自願性標識,即生產經營者可以自行決定是否在食品上加貼標識,顯示轉基因信息。香港地區採取自願性標識政策。香港食物安全中心 2006 年公佈《基因改造食物自願標籤指引》。《基因改造食物自願標籤指引》明確規定其屬建議性質,鼓勵業內人士積極採納此指引。[35] 需要注意的是,在某些聯邦制國家,情況可能更複雜些。強制性轉基因食品標識和自願性轉基因食品標識分別對應命令型規範和禁止性規範。即便採取強制性轉基因食品標識制度,各國或地區的食品標識制度要求也並不相同。2006 年國家食品法典委員會曾經成立工作組,專門研究轉基因食品標識標準。截至 2018 年,全球有 64 個國家或地區設立轉基因食品標識制度。

第一,無論最終產品中是否含有轉基因成分或最終產品是否使用轉基因技術,只有轉基因食品與傳統食品存在實質性差別,才需要標識為轉基因。這個典型體現在美國 2016 年制定聯邦轉基因標識立法之前。在這個階段,美國食品藥品監督管理局通過普遍視為安全和重要事項兩個制度將轉基因食品排除在強制性標識之外。(1)「普通認為安全」制度。美國國會 1958 年修訂《食品、藥品和化妝品法》,要求使用新食品添加劑前必須獲得批准,並建立評估標準、安全標準和正式的決策程序。「食品添加劑」的定義非常廣泛,指「任何直接或間接地導致或可能合理預見導致變成食品成分或影響食品特點的物質⋯⋯如果有資格進行科學訓練和評估其安全性的經驗的專家沒有普遍認為這類物質在其計劃使用條件下是安全的」。反言之,如果科學家普遍認為某一物質是安全的,則不需要經受嚴格的上市前批准程序。1997年之前,美國食品藥品監督管理局投入眾多資源確認某一物質是否屬「普遍認為安全」。在 1992 年的政策聲明中,美國食品藥品監督管理局認為,「關於轉基因材料(核酸),美國食品藥品監督管理局通常不認為其受到食物添加劑規範的約束⋯⋯在規制性術語上,這些材料被推定是『普遍認為安全』」。[36] 因此,轉基因食品一般不受《聯邦食品、藥品和化妝品法》食品添加劑的約束。但是,美國食品藥品監督管理局也指出,「食品中計劃表達的產品可能是蛋白質⋯⋯或者其他在結構、功能或組成顯著不同於現存食品中物質。這種物質可能不是『普遍認為安全』,可能需要作為食品添加劑接受管制」。[37](2)重要信息。美國食品藥品監督管理局將「重要信息(material information)」解

35　闞占文:《香港轉基因食品標籤制度探析》,載《特區經濟》2011 年第 7 期,第 262 頁。

36　Food for human consumption and animal drugs, feeds, and related products: Foods derived from new plant varieties; policy statement, 57 FR 22984.

37　Ibid.

釋為關於產品特性方面的信息。美國食品藥品監督管理局要求根據重要信息進行特殊標識，如果缺少這些信息可能產生特殊健康或環境風險、誤導消費者。[38] 在 1992 年政策聲明中，美國食品藥品監督管理局不認為研發新植物品種的方法是《聯邦食品、藥品和化妝品法》項下的「重要信息」，不需要在食品標識上披露。在 *Alliance for Bio-Integrity v. Shalala* 中，原告質疑美國食品藥品監督管理局在 1992 年政策聲明關於「重要信息」的解釋；認為美國食品藥品監督管理局應該考慮消費者的利益、宗教團體或過敏人群的特殊關切。法院裁定，在考慮變化是否為重要時，美國食品藥品監督管理局將消費者利益排除在外是對法律的合理解釋；而且是否有重要變化是要求特殊標識的前提，而這個前提不成立。[39]

第二，只要最終產品中轉基因成分超過法律規定的閾值，食品生產經營者負有信息披露義務。比如歐盟 1997 年出台《新食品和食品成分條例》（*Regulation [EC] No 258/97 of the European Parliament and of the Council of 27 January 1997 concerning novel foods and novel food ingredients*），統一歐盟成員有關新食品和新食品成分的法律。如果食品或其成分的新特徵導致其不同於現有食品或成分，條例要求食品標識中顯示修飾的新特徵、修飾方法。雖然條例也包括了轉基因生物，但並非專門針對轉基因食品或成分的。而且條例僅僅規定在科學評估證明非實質等同後才要求標識，非常概括；沒有說明應標識的含量、情形等。考慮到歐盟已經根據 90/220/EEC 指令於 1996 年 4 月和 1997 年 1 月批准轉基因大豆和轉基因玉米投放市場，歐盟在 1998 年頒佈《不同於 79/112 指令、產自轉基因生物的特定食品的強制性標識條例》。《特定食品條例》專門適用於轉基因大豆和轉基因玉米產生的食品和食品成分，但是如果轉基因大豆和轉基因玉米生產的食品和食品成分不再含有轉基因成分，不需要強制性標識。條例進一步規定了標識方式。為了完善轉基因食品和食品成分標識制度，歐盟修改相關條例和指令。最大的一次修改是 2003 年。歐盟 2003 年 9 月通過了《轉基因食品和飼料條例》。《轉基因食品和飼料條例》明確要求，除非獲得許可並滿足相關的許可條件，任何人不得將轉基因食品投放到歐盟市場。獲准上市的轉基因食品不得對人類健康、動物健康以及生態環境造成不利影響，不得誤導消費者，不得不同於它所取代的食

38　Voluntary Labeling Indicating Whether Foods Have or Have not Been Derived from Genetically Engineered Plants, http://www.fda.gov/Food/GuidanceRegulation/GuidanceDocumentsRegulatoryInformation/LabelingNutrition/ucm059098.htm, last visited May 25, 2019.

39　*Alliance for Bio-Integrity v. Shalala*, 116 F Supp 2d 166.

物，如果它的正常食用對消費者產生營養上的不利影響。[40] 根據《轉基因食品和飼料條例》，如果食品或飼料中含有轉基因生物或者由轉基因組成、或含有轉基因生物產生的成分，應該進行標識，如果食品或飼料中的轉基因成分低於 0.9%，且其存在是無意或技術上無法避免的，則無需標識。[41]

第三，無論含量多少，所有產自或包含使用基因技術生物成分的食品都必須強制性標示。根據 2015 年《食品安全法》第 69 條，生產經營轉基因食品應當按照規定顯著標示。根據《農業轉基因生物安全管理條例》和《農業轉基因生物標識管理辦法》，凡是列入標識管理目錄並用於銷售的農業轉基因生物，應當進行標識；未標識和不按規定標識的，不得進口或銷售。據此，只有在標識管理目錄內的食品的生產者或經營者負有信息披露義務；不在標識管理目錄內的食品的生產者或經營者沒有披露義務。

二、強制性轉基因信息披露與不表意自由

雖然民間不斷呼籲就轉基因食品進行強制性標識立法，但美國聯邦在 2016 年前無法通過轉基因食品標識立法。[42] 在此背景下，一些州開始制定立法，要求食品生產經營者在標識上標示轉基因成分。[43] 佛蒙

---

40 Article 4 of Regulation (EC) No 1829/2003 of The European Parliament and of the Council of 22 September 2003 on genetically modified food and feed.

41 除了《轉基因食品和飼料條例》，歐盟還制定了《可追溯性和標識條例》。根據《可追溯性和標識條例》，對於含有轉基因生物或者由轉基因生物組成的產品，在將轉基因食品投放市場的第一階段，經營者應書面告知接受產品的經營者：（1）產品含有轉基因生物或由轉基因生物組成；（2）獨特的識別因子（unique identified）。此後每一階段，經營者應書面逐級傳遞上述信息。而且，經營者應該記錄和保存轉基因生物、識別因子、上游經營者和下游經營者等信息。保存期限不少於 5 年。對於產自轉基因生物用於食品或飼料的產品，要顯示食品或飼料成分，經營者應該記錄和保存轉基因生物、上游經營者和下游經營者等信息。如果產品中只有沒有超過法定閾限的微量轉基因，無需適用可追溯性和標識義務。

42 2000 年，來自加利福尼亞州的參議員 Barbara Boxer 提出 Genetically Engineered Food Right-to-Know Act 議案，但在提交委員會時便未獲通過，此後多年，一些議員不斷嘗試，但並未成功。直到 2016 年 7 月 29 日，美國國會修改 1946 年《農業銷售法》（Agriculture Marketing Act），要求所有生物工程食品（bioengineered food）生產經營者必須披露轉基因成分，並且要求農業部長在兩年內制定為強制性的披露標準。2018 年 12 月，農業部頒佈《生物工程食品披露國家標準》（National Bioengineered Food Disclosure Standard），新標準要求食品製造商、進口商和其他為零售食品貼上標識的實體披露有關食品和食品成分的信息。本規則旨在為向消費者披露有關食品現狀的信息提供強制性統一的國家標準。這個標準從 2020 年開始實行。但是，各方對於 2016 年的法律的評價不一。

43 在解釋《有關基因工程生產的食品標識的法律》制定的背景時，佛蒙特州指出，「由於美國食品藥品監督管理局和美國國會都不要求對基因工程產生的食品貼標籤，本州應要求對基因工程產生的食品貼標籤，以便實現本州利益，儘管有有限的例外，以防止無意中的消費者欺騙、防止對人類健康的潛在風險、保護宗教習俗、保護環境」。

特州 2014 年 5 月通過《有關基因工程生產的食品標識的法律》（*An act relating to the labeling of food produced with genetic engineering*），要求轉基因食品生產商必須在食品標示上披露轉基因信息。[44]日用品生產商協會（Grocery Manufacturer Association）等組織反對這一法律，遂提起訴訟，指控第 120 號法律違反憲法第一修正案等憲法條款。[45]佛蒙特要求駁回原告的起訴，原告則請求臨時禁令。

關於憲法第一修正案的表達自由，雙方都認為佛蒙特第 120 號法律中的披露要求屬表達強制而非表達限制。原告指責佛蒙特法律中的披露要求是不準確地、誤導消費者、阻止消費者購買。佛蒙特指出這個披露純粹是事實性的、沒有爭議的。法院需要選擇適合本案的審查標準以及爭議中的法律能否通過這些標準。法院在決定強制性陳述的司法審查標準時首要考慮的必須是言論的整體性質和強制性陳述的效果。

（一）披露要求的審查標準

原告主張本案應該適用嚴格審查標準，理由是這些言論屬政治言論，且佛蒙特法律構成觀點歧視。這個問題又可以細分成兩個問題：（1）本案中的言論是否構成政治言論，因為政治言論是第一修正案的核心保護價值，法院對此類言論限制適用嚴格的審查標準；（2）本案是否存在觀點歧視，如果法律規制是以言論內容或者表意者為基礎，往往容易被視為觀點歧視，而適用嚴格的審查標準。如 *Sorrell v. IMS.* 判斷觀點歧視的標準就是規制的內容中立性。

1. 言論的性質

原告主張佛蒙特州第 120 號法律的披露要求構成政治言論強制，因為它是出於政治動機進行的表達規制，源自所謂的仇視轉基因和政治迫害的立法環境。地方法院沒有接受原告的這一主張。因為要求生產經營者披露產品是否包含某些成分，這並不是被迫作出政治聲明。即使這個聲明將產品與當前政治辯論聯繫在一起，但這種情況非常普遍。許多產品都可以與環境、能源、經濟政策或者個人健康和安全等聯繫在一起。本案也不屬政治言論和商業言論可以混淆的例子，因為要從整體看待言論的本質。無論多麼熱情地反對或抗議，都不會把關於食品成分的披露要求轉變為政治聲明。的確，法院在披露要求中唯

---

44 《有關基因工程生產的食品標識的法律》§ 3043（a）除本篇第 3044 節規定的情況外，零售商在 2016 年 7 月 1 日之後出售的食品應標記為完全或部分由基因工程生產，如果該食品是一種產品：（1）在佛蒙特州提供零售；以及（2）全部或者部分用基因工程技術生產的。

45 除了第一修正案外，原告還指控佛蒙特州違反州際貿易（commerce clause）條款、聯邦法優先（preemption）等。

一使用嚴格標準的情形就是，商業言論與完全受保護的言論不可分割地交織在一起。

2. 是否存在觀點歧視

原告主張佛蒙特第 120 號法律中的披露要求反映了不被允許的觀點歧視。法院詳細地分析了佛蒙特法律是否構成觀點歧視和應否適用嚴格標準。

首先，儘管觀點歧視是臭名昭著的內容歧視形式，美國聯邦最高法院認為因為內容而歧視某一言論被推定為違反憲法。[46] 不過，嚴格的司法審查適用於實際的觀點歧視，而非推翻本身違憲的法律。這是因為，即使受保護的言論也不是在任何地方和任何時候都等同被允許。美國聯邦最高法院承認強制表意者表達不願意表達的言論，改變了言論的內容。然而，法院也承認有一般例外，即不構成思想審查的內容歧視。如果主張以內容為基礎的表達規制從來都不被允許，顯然是過分解讀了。美國聯邦最高法院的裁判顯示，以內容為基礎的區別並非被推定無效的。這一點是理解第一修正案不可避免和不可或缺的部分。

其次，決定某一規制是否屬內容中立性的主要方法，是政府是否因為不同意所表達的信息而採取表達規制。根據所表達觀點或思想的基礎區分贊同的言論或不贊同的言論的法律是以內容為基礎的；當法律授予利益或者施加負擔，但不參考所表達思想或觀點時，在大多數情況下是內容中立的。本案中，毫無疑問佛蒙特第 120 號法律中的披露要求迫使原告違背意願表達，屬對表達內容的規制，且確定必須表達的表意者類型。但是，幾乎所有的強制性披露要求規範以這種方式規範內容和表意者，這並不必然導致它們構成不被允許的觀點歧視。對表達的限制是否構成不被允許的觀點歧視，必須根據限制的內容加以解讀。換句話說，表達自由必須依賴於表達的信息，以致可以表達或不可以表達者的身份是基於對所表達觀點的仇視或偏好。如果轉基因生產商或零售商相信佛蒙特第 120 號法律的披露要求產生了關於轉基因食品安全性的負面聯想，第 120 號法律沒有禁止糾正此類所謂的錯誤影響。法院承認，傳遞反映表意者自身觀點的附加信息的能力，證明法律沒有反映不被允許的觀點歧視。

（二）適用中度審查標準還是合理審查標準

本案不適用於嚴格審查標準。接下來要考慮的問題就是，本案是適用 Hudson 的中度審查標準還是 *Zauderer v. Office of Disciplinary*

46　*Rosenberger v. Rector & Visitors of Univ. of Va.*, 515 U.S. 819, (1995).

Counsel of the Supreme Court of Ohio 案的寬鬆審查標準？法院考慮了三個因素：是否為商業言論、是否為有爭議性的言論、政府的利益。前已述及，本案不屬政治言論。因此，法院主要討論後兩個要素。

1. 是否為爭議性的言論

乍一看，原告把轉基因披露要求界定為強制有爭議的披露似乎是不可抗辯的。關於轉基因和基因工程食品的安全和利益存在眾多的公眾和政治爭議，佛蒙特第 120 號法律的轉基因披露要求在這一背景下施行。[47] 但是，法院不會輕易貼上爭議的標識，原告不願意作出所要求的披露不足以說明它是有爭議的。

但是，在立法前發生辯論很正常。立法性辯論不會使事實性披露成為爭議性觀點。而且，即便有一些不是事實性的強制性表達要求，但是這些法律如果也允許表意者表達不同，就不會違反憲法。其他法院認為，在認定某一商業信息為傳遞爭議性的政府信息前，該商業信息的強制必須是以觀點為基礎的。事實的披露不反映觀點，僅僅因為它迫使表意者傳遞與其利益不一致的信息。因為佛蒙特第 120 號法律中的轉基因披露要求僅僅要求強制披露事實性信息 —— 產品是否包括轉基因成分 —— 與純粹的商業性交易關聯，它沒有要求披露有爭議的信息。

2. 政府是否具有利益

在利益方面，政府不能通過猜測或者臆測履行其承擔的舉證義務，而是，尋求維持商業表達限制的政府機構必須證明它針對的損害是真實的，且限制將在很大程度上減輕損害。對於政府在轉基因食品標識方面有沒有利益，科技進步促使美國法院的立場由否認轉向肯定。

1994 年 4 月，美國佛蒙特州通過法律，要求「如果在本州零售的牛奶或牛奶製品在生產時使用了（重組）牛生長激素（rBST）。這些零售牛奶或奶製品必須標識」。[48] 佛蒙特沒有主張出於健康或安全考慮而通過該項法律，堅稱採取強制性標識的正當性是強烈的消費者利益和公眾對特定奶製品是否產自接受 rBST 奶牛的知情權。但是法院不

47　佛蒙特在解釋該法背景時坦承，關於基因工程食品安全的研究和科學的有效性，缺乏共識。正如經過同行評議後發表的國際科學文獻研究表明，基因工程食品對人類的健康影響呈陰性、中性和陽性。

48　牛生長激素（Bovine Somatotropin，BST）是一種由下垂體前葉腺產生的蛋白質激素，能刺激機體生長並影響多種代謝；能夠直接或間接刺激生長過程，如細胞分裂、骨骼生長和蛋白質合成、增加脂肪組織的脂肪分解活性、以及抑制葡萄糖進入組織的傳遞活性等。近年來發現生長激素在反芻家畜的泌乳過程中有明顯的作用，而且腦垂體激素的濃度與奶牛泌乳量成正比關係。趙宏宇、張蘭威，《牛生長激素在乳業中的應用及其安全性》，載《食品科學》2005 年第 2 期。

認可滿足消費者利益或公眾的好奇構成政府利益。首先，沒有充分的科學證據顯示 rBST 的負面效果。經過廣泛研究，美國食品藥品監督管理局認定 rBST 對接受 rBST 奶牛所產牛奶的構成沒有顯著影響，且這些奶牛所產奶製品沒有人類安全或者健康方面的關切。因為 BST 自然地出現在牛身體內，且因為在牛乳腺中沒有 BST 感受器，只有微量的 BST 能夠在牛奶中檢測，無論牛是否接受 rBST。而且，科學家和消費者無法區分注射過 rBGH 奶牛和未注射 rBGH 奶牛所產的牛奶。的確，這個案件中的大量記錄沒有包括任何科學證據，客觀的觀察者可以從中得出 rBST 對奶製品有影響的結論。因此，佛蒙特沒有證明其法律針對真實的損害。其次，這些利益不足以使佛蒙特可以合法限制受保護的憲法權利。沒有任何案件顯示，消費者的利益單獨能成為要求產品生產者公佈關於產品方法的功能信息，其信息相當於警告，且該方法對最終產品沒有明顯影響。[49]

15 年之後，巡迴法院卻在另一個案件中承認，研究發現 rBST 提升了奶牛中胰島素樣生長因子（insulin-like growth factor，IGF-1）的水平，而高水平的 IGF-1 與某些癌症有關聯，而且在 rBST 使用導致牛奶生產出現負能量階段（negative energy phase）。這一階段生產的牛奶品質不高，因為它的脂肪含量高和蛋白質水平低。[50]

根據佛蒙特第 120 號法律的裁定和目標，以及它們所依據的廣泛的立法記錄，法院不能認定佛蒙特第 120 號法律的披露要求僅僅以希望滿足消費者的好奇為支撐。根據第二巡迴法院的先例，*Zauderer v. Office of Disciplinary Counsel of the Supreme Court of Ohio* 案因此成為適用於第 120 號法律披露要求的審查標準。

（三）合理標準

當一州要求披露對消費者有利的信息時，規制目標與憲法保護商業表達的理由一致，因此受到不太嚴格的審查。[51]原告基於三個理由認為佛蒙特第 120 號法律的披露要求不符合 Zauderer 的標準。首先，他們認為第二巡迴法庭給 Zauderer 設定了要求——支持商業披露要求的州利益必須是實質性的，佛蒙特州無法滿足這個條件。其次，即使州能確定實質性利益，這些利益都不是真實的、政府的或者合法的。第三，原告認為在政府利益和披露要求間沒有合理聯繫。

49　*International Dairy Foods Ass' n v. Amestoy*, 92 F.3d 67(1995).

50　*International Dairy Foods Association v. Boggs*, 622 F.3d 628(6th Cir. 2010).

51　*44 Liquormart, Inc. v. Rhode Island*, 517 U.S. 484 (1996).

法院認為，表達限制和表達強制的屬性不同。作為一個門檻問題，*Zauderer* 案是否要求一州在要求規制對象披露事實性的、沒有爭議的商業信息前必須證明實質性的政府利益。這一點不太明確。*Zauderer* 案本身沒有施加這個要求。相反，雖然它判斷政府具有實質性利益禁止某些律師廣告，從而支持俄亥俄州的法律，但最高法院關於商業披露的分析沒有考慮這個要求。而且，雖然原告正確地指出第二巡迴法庭近來的商業披露案件確認了一些實質性政府利益，第二巡迴法院沒有認定 *Zauderer* 案要求政府必須具有此種利益。在這個問題，哥倫比亞特區巡迴法庭似乎也堅持相同的立場。雖然聯邦最高法院在 *Central Hudson* 案中要求政府必須出於實質性利益才可規制商業言論，但 *Zauderer* 案沒有明確要求政府必須存在利益。特區巡迴法院觀察到實質性政府利益的要求，但是法院認為即使存在實質性政府利益要求，也已經被最高法院解釋為不那麼嚴格了。因為被確認為實質性的利益的本質產生了這個問題，除了那些已經被法院認定為細微的利益外，是否任何政府利益都不是實質性的？即使假定第二巡迴法庭解釋 *Zauderer* 案需要實質性的政府利益，佛蒙特主張第 120 號法律的裁定和目標反映了需要披露的實質利益：人類消費轉基因食品的潛在健康後果、關於轉基因食品的宗教信仰和實踐、促進知情的消費者決策、處理轉基因食品生產中對非轉基因作物和環境的潛在意外後果。

第三節　非轉基因信息披露

　　非轉基因標識指在食品標識中使用文字、數字或圖案等説明物展示產品的非轉基因信息。非轉基因標識的出現與消費者對轉基因食品的認知和擔憂、消費者關於強制性標識的呼籲、企業的生產經營策略等密切相關。非轉基因信息的披露容易產生誤導或者其他不利於市場競爭的結果。但是，禁止或限制非轉基因信息披露容易滑向侵害表意自由的境地。

一、消費者偏好與非轉基因標識

　　風險社會裡，風險具有不可感知性、知識依賴性，科學理性和社會理性出現明顯的裂隙。[52] 科學家往往以自然科學為判斷可接受風險的基礎，但公眾對風險的認知有很多維度。技術的特點、風險的影響規模和新穎度等都會影響公眾的風險認識。不確定性、非自願接觸風險、陌生的風險、對風險的無力控制等因素使得公眾對某一技術持負面態度。[53] 這一點在轉基因生物表現得非常明顯。雖然科學家群體堅稱尚未有確切證據顯示轉基因生物的健康與環境風險，但公眾擔憂轉基因食品本身的健康影響，也關注生產轉基因食品過程中可能產生的基因漂移和生物多樣性喪失等環境風險、轉基因技術推廣使用可能對小農戶產生的經濟影響等問題。這種擔憂和關注影響了消費者對轉基因食品的購買意願。國內外研究人員就消費者對轉基因食品的態度展開了大量調查研究。結果顯示，總體而言，消費者對轉基因食品持謹慎的態度。[54]

　　消費者對於轉基因食品的謹慎使得全球爆發反對轉基因食品的浪潮。消費者發起了廣泛的活動，要求加強轉基因食品監管，呼籲食品生產經營者披露轉基因信息，尊重消費者的知情權。消費者還在有的國家提起訴訟，督促政府採取相關措施。結果，越來越多的國家或地

52　【德】烏爾里希·貝克著，何博聞譯：《風險社會》（南京：譯林出版社 2004 年版），第 23 頁。

53　Paul Slovic, "Perception of Risk", (1987) *Science* 236, pp. 280-290.

54　See Kai Cui, Sharon P. Shoemaker, "Public perception of genetically-modified (GM) food: A Nationwide Chinese Consumer Study", (2018) *Science of Food* 2(1), p. 10.

區建立轉基因食品強制性標識制度，要求食品生產經營者必須在食品標識中披露轉基因信息。我國也在 2001 年建立強制性轉基因生物標識制度。《食品安全法》重申上述規則，要求轉基因食品生產經營者顯著標示。未按規定標示的，需承擔法律責任。

一些食品生產經營者敏銳地意識到消費者需求，從 21 世紀初起自願在食品標識中標注「非轉基因」信息。[55] 一方面，市場上的產品琳琅滿目，展示產品並吸引消費者注意是食品標識的主要功能。非轉基因食品的生產過程往往是信任屬性（credence attribute），即消費者在購買或使用之後都無法確定的產品屬性。使用非轉基因標識可以提高產品在消費者中的顯示度，符合差異銷售策略。另一方面，很多國家或地區的強制性標識制度存在適用範圍或者豁免條款，一些使用了轉基因原料的產品無需標識為轉基因食品。因此，標識為轉基因的食品肯定是轉基因食品，但未標識為轉基因的食品卻不一定是非轉基因食品。使用非轉基因標識可以滿足消費者對生產過程的偏好。而且，非轉基因標識還與企業對環境問題的態度、承擔社會責任意願聯繫在一起。公眾和非營利組織經常指責轉基因食品生產經營者唯利是圖，漠視公眾健康和生態環境。一項針對德國所有乳製品企業的問卷調查顯示，企業認為從事非轉基因生產的主要收益是正面提升企業形象、與競爭對手區分、更不容易遭受非營利組織的批評。[56]

二、非轉基因信息披露與表意自由

（一）非商業表達的保護

針對食品摻假和錯誤標籤行為，各國很早就開始予以規制。由於科學技術和社會發展，消費者的認知更趨多樣，對食品摻假和錯誤標籤等行為的規制已引發表達限制擔憂。在規制虛假食品標籤過程中，是否存在商業表達自由的保護問題，需要對比虛假非商業表達和虛假商業表達在憲法上的地位。

在 20 世紀中葉時，大多數形式的虛假表達被明確排除出憲法第一修正案的保護範圍，如淫穢、誹謗、污染或者其他傾向於煽動破壞和平之類的表達。預防和懲罰這些言論很少被認為產生憲法問題。[57] 然

55　Carmen Bain, Tamera Dandachi, "Governing GMOs: The (Counter) Movement for Mandatory and Voluntary Non-GMO Labels", (2014) *Sustainability* 6(12), pp. 9456-9476.

56　Maarten Punt, Thomas Venus, Justus Wesseler, "Labelling GM-free products-A case study of dairy companies in Germany", (2016) *EuroChoices* 15(1), pp. 45-51.

57　*Chaplinsky v. New Hampshire*, 315 U.S. 568, 571 (1942).

而，法院此後意識到這個問題並非簡單地拒絕保護虛假表達，而是包含更加複雜的法律問題。在 *New York Times Co. v. Sullivan* 案中，美國聯邦最高法院認為，憲法第一修正案排除誹謗公職人員的責任，除非原告證明該陳述是帶有「實際惡意」，也就是說，明知它是虛假的或魯莽地無視它的真實性。法院認為，自由辯論中的錯誤陳述是不可避免的，如果需要保護表達自由，表達就需要生存的「喘息空間」。要求某人因為批評官員的政治行為而承擔責任，反映了一種過時的原則，即被統治者不得批評統治者。保護公眾不僅需要討論，還需要信息。[58] 金斯伯格（Ruth Bader Ginsburg）等幾個法官認為，無論發言者是否意識到錯誤，誹謗性表達應得到絕對的保護。不過，聯邦最高法院的多數意見只是將憲法第一修正案保護延伸到過失造成的誹謗，它直接劃清了界線，即構成「實際惡意」的誹謗例外。儘管「實際惡意」貌似包括一切惡意，但它從來沒有與惡意或邪惡的意圖有任何關係。相反，它指涉對虛假的認知（knowledge）或魯莽地忽視真相。「魯莽的忽視（reckless disregard）」被賦予了極其狹隘的含義，即要求表明出版者可能認知虛假仍堅持發表。[59]

美國法院已將這一學說擴展到商業世界，*Bose Corp. v. Consumers Union* 的判決證明了這一點。[60] 被上訴人在其雜誌發表一篇文章，評估眾多品牌揚聲器系統的質量，其中包括一個由上訴人銷售的揚聲器系統。上訴人反對文章中關於其產品的陳述。法院裁定上訴人是「公眾人物」，因此適用 New York Times Co. v. Sullivan 的原則。由於上訴人無法證明出版者在發表文章時具有「實際惡意」，法院駁回上訴人的請求。[61]

（二）商業表達的保護

為了維護公平、公正的市場秩序，立法和行政機構被賦予規制商業活動的權力，包括禁止經營者就其商業活動作出一定的表達。表達限制降低市場中的信息供給，與表達自由的價值目標相違背。美國聯

58　*New York Times Co. v. Sullivan*, 376 U.S. 254 (1964).

59　在某些非商業表達語境下，法院似乎認為是有意識的虛假表達也受到憲法第一修正案的保護。*United States v. Alvarez* 案中，在水務委員會的公開會議期間，董事會成員被要求自我介紹。被上訴人告訴與會者他被授予國會榮譽勳章。這一說法是謊言，美國政府指控被告違反了「冒充榮譽法（Stolen Valor Act）」。政府主張虛假表達本來就沒有價值，因此不值得第一修正案保護。肯尼迪大法官拒絕了這一主張。他區分了政府指出的虛假表達遭受刑事處罰的三個例子，認為每一個案件都內在地涉及由謊言造成的「法律上可認知的傷害（legally cognizable）」。相比之下，多數人無法發現一個人虛假地宣稱曾獲得國會榮譽勳章會造成傷害。

60　*Bose Corp. v. Consumers Union*, 466 U.S. 485.

61　Ibid.

邦最高法院在 *Cent. Hudson Gas & Elec. Corp. v. Pub. Serv. Comm' n of N. Y.* 案中確立商業表達司法審查的四要件，並在隨後的案件中不斷完善這一審查標準。

1. 商業表達限制的司法審查：*Central Hudson* 案

1973 年中東石油禁令使美國出現能源短缺。為此，紐約州公共服務委員會發佈禁令，停止電力公司的廣告。[62] 在能源短缺狀況消失後，紐約州通過徵詢公眾意見，決定繼續維持這一禁令。Central Hudson Gas and Electric Corporation 於是起訴。在確認該廣告屬商業表達後，美國聯邦最高法院建立審查商業表達限制的四步分析方法：第一，能夠獲得表達自由保護的特定商業表達是關於合法活動的、沒有誤導性的；第二，政府有限制此類商業表達的實質性利益；第三，表達限制直接促進了這一實質性利益的實現；第四，表達限制不得超出實現利益所必需的程度。[63]

2. *Central Hudson* 之後的商業表達限制

在隨後的案件中，美國聯邦最高法院堅持 *Central Hudson Gas & Elec. Corp. v. Pub. Serv. Comm' n of N. Y.* 案四步分析法，並不斷細化、明確相關的要件，特別是以下兩個方面。

第一，表達不涉及非法或誤導性行為。虛假宣傳欺騙、誤導消費者，侵犯消費者權益，危害公平的市場競爭秩序，也損害其他經營者的合法權益。各國立法和國際條約普遍禁止虛假宣傳。《歐盟不公平商業實踐指令》（*Directive on Unfair Commercial Practices*）第 6 條與第 7 條規定了積極的誤導性商業實踐（misleading action）和消極的誤導性商業實踐（misleading omission），並要求成員國採取一切必要措施確保這些規定得到執行，使不公平商業實踐經營者受到有效的、成比例的和具有說服力的處罰。美國法律亦規定，任何人、合夥企業或公司傳播或導致傳播任何虛假廣告，均屬違法：（1）通過美國郵件，或通過任何方式，以直接或間接方式誘導或可能誘導購買食品、藥品、設備、服務或化妝品；或（2）以任何方式，以直接或間接的方式誘導或相當可能誘導食物、藥物、裝置、服務或化妝品的購買或產生商業影響。在不同的商業表達案件中，法院對於非法或不具有誤導性表達的措詞不盡相同。*Zauderer v. Office of Disciplinary Counsel of the Supreme Court of Ohio* 案中，法院適用「要求披露的商業信息是純事

62　廣告分成兩類：促銷性的廣告（promotional advertising）和信息類的廣告（informational and institutional advertising）禁止電力公司發佈促銷性的廣告（promotional advertising）。紐約只禁止第一類廣告。

63　*Cent. Hudson Gas & Elec. Corp. v. Pub. Serv. Comm' n of N. Y.*, 447 U.S. 557(1980).

基因污染風險規制與法律救濟

實性的和沒有爭議的」。因此，誤導性或虛假的認定標準需要進一步明確。[64]

第二，表達限制不得超出必要限度。在考慮政策目標和實現方式的必需程度時會涉及成本－效益分析，有沒有收益相同成本更低的措施，有無促進利益的替代措施。在這個方面，美國聯邦最高法院其實處於搖擺狀態。在 *Board of Trustees of State University of New York v. Fox* 案中，紐約州立大學禁止私人貿易公司在校內銷售商品。校警根據法律禁止公司在學生活動上展示家用產品。FOX 和一些學生起訴紐約州立大學董事會。法院指出，「我們宣佈商業表達規制無效的案例都沒有涉及這樣的條款——即僅僅超出充分實現政府利益邊界的條款。相反，根據 Hudson 第四條件而被禁止的限制幾乎都是顯著過分的，而不是『最少限制和最精確的方式（far less restrictive and more precise means）』。另一方面，我們維持商業表達規制的判決也與最少限制方式的要求不符」。「總而言之，我們不認為規制者承擔責任顯示區分是 100% 完全的，或者限制的方式絕對是實現目標最少的。我們的決定需要的是在立法者目標和選擇實現目標的方式之間的關係——這種關係不必是完美的，但應該是合理的，不必是唯一最好的，但其範圍卻是與所實現的利益成比例的。」[65] 而在 *City of Cincinnati v. Discovery Network, Inc.* 案中，聯邦最高法院拒絕市政府的主張——下級法院和我們考慮政府可以採取替代性的、更少約束的措施實現安全和審美利益違反了 FOX 的裁定——商業表達規制無需接受最少限制方式的分析。在此我們重申，雖然我們拒絕在裁判商業表達限制時適用最少限制方式，我們也拒絕僅僅理性－基礎的審查。一個規範無需是實現預期目標絕對限制最少的方式，但是如果有大量的、負擔明顯更少的、可以替代商業表達限制的方式，在確定目標和方式之間是否合理時肯定有影響。[66]

總體上，法院堅持「不超過必需程度」的這個標準，偶爾會偏移到更嚴格的最少限制措施（least-restrictive）或者更寬鬆的合理的標準。[67]

64　見本章第二節。

65　*Board of Trustees of State University of New York v. Fox*, 492U.S.469(1989).

66　*City of Cincinnai v. Discovery Network, Inc.*, 507 U.S. 410(1992).

67　如在 *Zauderer v. Office of Disciplinary Counsel of the Supreme Court of Ohio*, 471 U.S. 626(1985)，法院認為 Hudson 要求通過最少限制的方式；而在 *Board of Trustees of State University of New York v. Fox*, 492 U.S.469(1989)，法院適用了合理的標準。

（三）商業表達限制的非對稱待遇

政府對虛假商業表達的規制往往被視為經濟規制權力的體現。換言之，政府享有規制商業活動的權力往往包含規制與此活動有關的商業表達的權力。更大的權力／更小的權力（greater power/less power）理由基於這樣的假設：商業表達本身很少或沒有價值。這個理由假設商業表達實際上僅僅是商業活動的一種形式，因此參照傳統的規則進行監管。申言之，商業表達僅僅被視為另一種形式的經濟活動，例如種植蘋果或製造化學品，而不是表達。否則，這一論點無法證明對言外之意的調節是正當的。僅僅參考規範商業行為的權力。換句話說，只有當演講被認為僅僅是行為的一個子集時，規範行為的權力才可以考慮為更大的權力。因此，如果我們再次將商業表達視為連續統一體存在，那麼更大的權力／更小的權力論證將僅對言語行為有效。這是做事的方式，而不是說事。[68]

雖然 Posadas de Puerto Rico Assocs. v. Tourism Co. 之後，美國聯邦最高法院又重新回到了商業表達保護的路徑上，但是更大的權力／更小的權力原則被延續下來。在 *Central Hudson Gas & Elec. Corp. v. Pub. Serv. Comm' n of N. Y.* 案中，四步分析框架的首要步驟即決定表達是否受到憲法第一修正案的保護，至少關乎合法活動且沒有誤導性。此後，聯邦最高法院在多個案例中明確虛假商業表達不受憲法第一修正案保護。不過，在評判虛假商業言論是否完全不受憲法第一修正案保護時，美國巡迴法院似乎將「虛假商業表達」作了區分。[69] 最近比較引起爭議的聯邦最高法院案例是 *Sorrell v. IMS Health*。[70] 案件的事實是：佛蒙特州通過法律，限制銷售、披露或使用反映醫生個體開處方實踐（prescription practice）的記錄。除了某些例外，藥房不得出於銷售目標銷售、披露這些信息，醫藥生產商業不得為了營銷而使用。數據處理企業和醫藥協會起訴佛蒙特政府。美國聯邦最高法院在裡面提到以內容為基準（content-based）或以言者為基準（speaker-based）的表達規制應該適用更加嚴格的司法審查標準。但美國學界和法院對這個案件的認識存在分歧，有的認為改變了 Central Hudson 標準，有的認為只是適用了 Central Hudson 標準。

因此，憲法第一修正案對虛假商業表達和虛假非商業表達的處理存在理論上的差異（doctrinal disparity）。虛假商業表達一般不會受到

68　David F. McGowan, "A Critical Analysis of Commercial Speech", (1990) *California Law Review* 78(2), p. 359.

69　*Int' l Dairy Foods Ass' n v. Boggs*, 622 F.3d 628, 636 (6th Cir.2010).

70　*Sorrell v. IMS Health* 131 S. Ct. 2653 (2011).

保護，雖然法院通常從有利於保護虛假商業表達的假設開始。相反，在大多數情況下，善意的虛假非商業表達受到保護，不會受到處罰，即使表達會造成嚴重和獨特的傷害，比如名譽損害。只有故意傳播虛假非商業言論，並造成嚴重而獨特的傷害，才不受保護的。[71]

三、虛假非轉基因標識的認定

非轉基因標識屬生產經營者的自願披露行為，標識的內容和方式可能存在很大差異。然而，食品標識作為推介和推廣產品的符號，是消費者獲取信息的重要途徑，必須符合《廣告法》《反不正當競爭法》《消費者權益保護法》《食品安全法》等法律的規定，尤其是禁止虛假宣傳之規範。虛假標識不僅僅包括內容虛假的欺騙性標識，還包括引人誤解的誤導性標識。[72]

（一）欺騙性非轉基因標識的認定

欺騙性標識的認定側重標識內容的客觀不真實性。《廣告法》第28條使用「概括＋列舉」立法技術，在明確虛假廣告的定義後，還列舉了四個具體的欺騙性廣告類型，包括商品或服務不存在的、使用虛構統計資料。虛構食品標識中的資料或內容構成欺騙性標識。典型的欺騙性標識如食品標籤中標注虛假生產日期、食品標籤中的脂肪含量與食品中的實際脂肪含量不相符、食品標籤中的營養成分能量值虛假標注、產品不適於嬰兒卻在標籤中建議嬰幼兒食用。[73]

就轉基因食品而言，《食品安全法》和《農業轉基因生物安全管理條例》為農業轉基因生物建立強制性標識制度。農業農村部頒佈了詳細的農業轉基因生物標識管理辦法和實施標識管理的農業轉基因生

---

71 Martin H. Redish and Kyle Voils, "False Commercial Speech and the First Amendment: Understanding the Implications of the Equivalency Principle", (2017) *The William and Mary Bill of Rights Journal* 25(3), p. 765.

72 雖然在修法過程中存有爭議，但 2015 年修訂的《廣告法》和 2017 年修訂的《反不正當競爭法》都延續虛假宣傳包括欺騙性宣傳和誤導性宣傳這一分類。兩部法律關於虛假宣傳的表述較為類似，「廣告以虛假或者引人誤解的內容欺騙、誤導消費者的」和「經營者不得對⋯⋯等作虛假或者引人誤解的商業宣傳，欺騙、誤導消費者」。兩個條文後半段的「欺騙、誤導消費者」對應前半段的「虛假或者引人誤解的」，若將其拆分來看，「欺騙」的部分主要對應於廣告內容「虛假」；「誤導」部分主要對應於廣告內容「引人誤解」。宋亞輝：《虛假廣告的立法修訂與解釋適用》，載《浙江學刊》2015 年第 6 期。

73 參見容帝生、山東福牌阿膠藥業有限公司買賣合同糾紛，廣東省廣州市中級人民法院（2019）粵 01 民終 8591 號民事判決書、北京歐尚超市有限公司與楊照買賣合同糾紛，北京市高級人民法院（2019）京民再 197 號民事判決書。

物目錄。根據《農業轉基因生物安全管理條例》，農業轉基因生物包括轉基因動植物、轉基因動植物產品、轉基因農產品的加工品等。因此，轉基因大豆、玉米和油菜及其產品都屬需要強制性標識的對象。而且，凡是列入目錄的農業轉基因生物都應當進行標識，無論其中的轉基因成分含量多少。因此，我國的轉基因強制性標識是以過程為基礎的定性標識。換言之，如果目錄中的產品在生產過程中使用了農業轉基因生物，無論最終產品中是否含有轉基因成分，食品標識中必須表述「轉基因」。

實踐中，有些食品生產經營者在明知生產原料為轉基因大豆，卻在標識中標注「非轉基因」字樣，對產品進行虛假的信息披露。[74] 有些食品生產經營者進口的食品在英文標籤中標注了「Partially Produced with Genetic Engineering」，但是卻未在中文標籤中標注。[75] 可見，如果企業在生產過程中使用農業轉基因生物，且最終產品中檢測出轉基因成分，轉基因標識的義務不言自明。可是，如果生產過程中使用了轉基因原料，最終產品卻不再含有或檢測不出轉基因成分，此時誰負有證明「非轉基因」廣告為虛假標識的義務？法院在司法實踐中往往將舉證責任分配給原告，並常常因原告舉證不能而駁回其訴訟請求。[76] 表面上看，要求原告證明被告生產或銷售的產品屬轉基因產品符合「誰主張、誰舉證」的原則。然而，依據《食品安全法》之規定，食品生產經營者應該依法建立食品安全追溯體系，保證食品可追溯。如果企業依法履行建立食品安全追溯體系義務，就可以證明其產品生產過程中是否使用農業轉基因生物。

（二）誤導性非轉基因標識的認定

除了虛構事實外，食品生產經營者可能對商品做片面的宣傳或者使用歧義性語言，產生令人誤解之效果。相比欺騙性標識，誤導性標識的的認定更為複雜、容易產生爭議。

第一，普通消費者是誤導性的認定標準。虛假宣傳作為不正當競

---

74 參見北京市工商行政管理局懷柔分局，京工商懷處字（2012）第 198 號行政處罰決定書。

75 參見北京物美商業集團股份有限公司與吳文遠買賣合同糾紛，北京市第一中級人民法院（2017）京 01 民終 7253 號民事判決書。鄭建芳與北京物美流通技術有限公司買賣合同糾紛，北京市朝陽區人民法院（2017）京 0108 民初 29455 號民事判決書。

76 參見尹前林與四川華潤萬家好來超市有限公司、四川華潤萬家好來超市有限公司高新區店買賣合同糾紛，四川省成都高新技術產業開發區人民法院（2018）川 0191 民初 7943 號民事判決書；江春花與永旺華南商業有限公司永旺海岸城店、永旺華南商業有限公司產品銷售者責任糾紛，廣東省深圳市中級人民法院（2019）粵 03 民終 2578 號民事判決書；孫銘陽與北京天虹商業管理有限公司買賣合同糾紛二審民事判決書，北京市第二中級人民法院（2019）京 02 民終 1973 號民事判決書。

爭行為的形態之一，也會侵害消費者權益和公平競爭秩序。但是，不正當競爭形態不同，侵害消費者的方式和程度亦不相同。虛假宣傳是這樣一種不正當競爭行為，其構成純粹與消費者相關，而與被侵害的經營者無關。經營者之所以被侵害，僅僅是因為消費者受到誤導和蒙蔽，反射地受到損害。就此而言，反不正當競爭法是將一種本來意義上屬反射利益的東西，上升為法律保護的對象。[77] 因此，各國立法和實踐都把消費者權益視為虛假宣傳規制的基礎，消費者理解成為判斷的核心依據。

如果消費者對宣傳沒有產生誤解，則不構成虛假標識。因此，準確地確定受眾的通常標準和人格形象是判斷誤導是否成立的關鍵性因素。[78] 消費者的認知能力和消費感受差別很大，歷史上域外法院曾採納「無知、不思考、輕信的消費者」為判斷標準，對經營者要求嚴苛。反過來，若一概以「博學多聞」的專業消費者為評判依據，有利於經營者，對消費者期望過高。考慮到食品標識面向不特定的廣大消費者，各國或地區轉向「理性消費者」或「普通消費者」標準。如美國《食品、藥品與化妝品法》第 403（f）節規定標籤必須是「普通個人在習慣的購買和使用條件下進行閱讀和解釋」。美國食品藥品監督管理局也在 2002 年宣佈使用「合理消費者」標準判定食品標籤是否具有誤導性，因為這一標準更準確地反映了美國食品藥品監督管理局的信念。換言之，當消費者被提供準確的健康信息時，消費者會積極選擇健康的方式提高自身健康水平。我國法院在審理不正當競爭糾紛時，將「相關公眾的一般注意力」列為判斷「令人誤解的」因素之一。[79] 所謂「相關公眾的一般注意力」，即相關公眾中一般主體。[80]

消費者對轉基因技術截然不同的立場增加了辨別「合理消費者」或「相關公眾」的難度。以「自然」和「轉基因食品」為例，有消費者根據歐盟 2001/18 號《關於故意向環境中釋放轉基因生物的指令》，主張轉基因食品是人類修飾改造基因的結果，無法通過交配或者自然重組等方式自然地發生，不屬「自然或天然的」產品，不能使用「自然或天然」的標識。然而，亦有消費者主張人類活動已經滲透到現代

---

77 應振芳：《言論自由對於〈反不正當競爭法〉解釋適用之影響：以廣藥訴加多寶虛假宣傳案為例》，載《電子知識產權》2014 年第 4 期。

78 謝曉堯：《在經驗與制度之間：不正當競爭司法案例類型化研究》（北京：法律出版社 2010 年版），第 313 頁。

79 參見《最高人民法院關於審理不正當競爭民事案件應用法律若干問題的解釋》（法釋〔2007〕2 號）第 8 條。

80 蔣志培、孔祥俊、王永昌：《〈關於審理不正當競爭民事案件應用法律若干問題的解釋〉的理解與適用》，載《人民司法（應用）》2007 年第 5 期。

第四章 轉基因食品標識管理

社會的每個角落，幾乎沒有完全擺脫人工修飾改造的產品，轉基因食品也可標識為「自然或天然」。在 *Grocery Manufacturer Association v. Sorrell* 案中，美國佛蒙特州提供一些調查，證明消費者對「自然或天然」的理解，但是這些調查也說明消費者的理解是模糊的。[81]

第二，誤導性認定中的科學依據。科學研究是食品標識的基礎之一，各國或地區普遍禁止與科學證據不一致的標示，限制沒有科學證據支持的斷言。在轉基因食品標識的誤導性認定過程中，科學依據是個非常重要的問題。因為關於轉基因食品對人體健康、動物安全和環境保護的研究仍在不斷深入，轉基因食品存在不確定風險。為此，一些食品生產經營者有意或無意地突出「非轉基因」、「更健康或更安全」等。

縱觀當下關於轉基因食品的科學研究與法律規制狀況，籠統地宣傳「非轉基因更健康、更安全」，缺乏科學依據，誤導消費者。前已述及，由於歷史文化、宗教傳統和經濟發展水平等因素，美國和歐盟對於轉基因食品採取了不同的規制理念。在這種原則性的差異表像之下，歐盟和美國的轉基因食品制度有一個重要的類似點。即都建立了風險評估程序，只有在評估確認轉基因食品對人體、動物和環境無害後才批准上市。我國對農業轉基因生物實行嚴格的過程管理。因此，經批准上市的轉基因食品都經過了嚴格的安全評價，與同類型的非轉基因食品的安全性並無顯著差別。美國食品藥品監督管理局也提醒生產經營者不要在標識中標注「更健康」、「更安全」等內容，也不能在標識中顯示轉基因食品更安全、更有營養，或具備其他食品不具備的特點等。

第三，真實信息披露與誤導性之認定。誤導性標識的內容可能是虛假的，也可能是真實的。即使標識內容有據可查、確有出處，但表達方式不適當也可能使消費者產生模糊的判斷和誤解，因此構成誤導性標識。然而，行政機關和司法機關對「誤導性」判斷往往秉持不同立場，增加判斷結果之不確定性。以非轉基因花生、非轉基因葵花籽、非轉基因芝麻、非轉基因大米等標識為例，因為這些轉基因作物及其加工品並未獲准進口用做加工原料、亦未批准在國內進行商業化種植，市場上並不存在該轉基因作物及其加工品。對此，行政機關的立場一直都很明確。農業部科技教育司在 2015 年 1 月《關於指導做好涉轉基因廣告管理工作的通知》中明確禁止在此類產品中使用非轉基

81　*Grocery Manufacturer Association v. Sorrell*, 2015 U.S. Dist. LEXIS 56147.

因廣告詞。[82] 然而，該通知屬規範性文件，沒有被法院接受為國家法律和行政法規的強制性規定。[83]

關於此類標識的法律效力，司法裁判並不一致。（1）有些法院認為，此種標識不構成誤導性標識。其一是法律並不禁止此種標識。法院雖然認為在花生油包裝上標示「非轉基因」字樣有將非轉基因作為賣點加以炒作嫌疑，但法律不禁止非轉基因披露，此種非轉基因宣傳不構成虛假宣傳，[84] 或者雖然承認芝麻不在強制性標識範圍內，但鑒於法律並未規定未在該目錄中的品種作出非轉基因標識的需要如何標識，從而裁判「非轉基因標識」沒有誤導。[85] 其二是標識內容與真實信息相符。一審和二審均認為，由於農業部門頒佈的目錄中不包括亞麻籽或亞麻籽油，既然系爭的亞麻籽油不含有轉基因成分，「非轉基因」標識與產品的特徵相符，不構成誤導性標識。[86]（2）相反，有些法院認為此類標識為誤導性標識，違反法律規定。理由是根本不存在轉基因葵花籽，食品生產經營者利用公眾對「轉基因」專業知識的缺乏，片面強調配料之一的「非轉基因」性質，在葵花籽油系列產品上標「非轉基因」等相關宣傳用語。這一做法無事實及科學依據，侵害了消費者的知情權，誤導消費，屬令人誤解的標識。[87]

現代市場競爭的本質是一個爭奪消費者的過程，不正當競爭行為往往通過改變消費者的購買取向來損害消費者利益和經營者利益。[88] 食品生產經營者在原本沒有轉基因對應物的食品中標示「非轉基因」，儘管這一標識並非虛假，但消費者可能會誤解為市場上的花生包括轉基因花生和非轉基因花生，出於「寧信其有，不信其無」的原則，消費者選擇標示為非轉基因的花生及其產品。這種標識在一定程度上使

82　2018 年 6 月，國家市場監督管理總局、農業農村部、國家衛生健康委員會發佈《關於加強食用植物油標識管理的公告》，重申「對我國未批准進口用作加工原料且未批准在國內商業化種植，市場上並不存在該種轉基因作物及其加工品的，食用植物油標籤、說明書不得標注『非轉基因』字樣」。

83　參見朱國斌與武漢漢福超市有限公司、湖南山潤油茶科技發展有限公司產品責任糾紛，湖北省武漢市漢陽區人民法院（2017）鄂 0105 民初 4305 號民事判決書。

84　參見韋邦保與巢湖安德利購物中心有限公司城西分店買賣合同糾紛，安徽省巢湖市人民法院（2016）皖 0181 民初 616 號民事判決書；韋邦保與江蘇樂天瑪特商業有限公司、江蘇樂天瑪特商業有限公司巢湖店買賣合同糾紛，安徽省巢湖市人民法院（2016）皖 0181 民初 618 號民事判決書。

85　參見許林與洪城大廈（集團）股份有限公司、江西省祥櫥實業有限公司買賣合同糾紛，江西省南昌市西湖區人民法院（2017）贛 0103 民初 2421 號民事判決書。

86　參見馮海軍與北京美廉美連鎖商業有限公司等買賣合同糾紛，北京市第一中級人民法院（2016）京 01 民終 1826 號民事判決書。

87　參見上海佳格食品有限公司與吉林市工商行政管理局昌邑分局行政訴訟，吉林市昌邑區人民法院（2017）吉 0202 行初 34 號行政判決書。

88　謝曉堯：《在經驗與制度之間：不正當競爭司法案例類型化研究》。

消費者對此類食品產生誤解，可能形成排斥心理，構成對其他競爭對手的損害。美國食品藥品監督管理局在關於轉基因植物的標識指南中提醒，如果食品中的成分無法通過基因工程產生，生產經營者標注「非轉基因」可能構成誤導性標識。[89]

第四，上下語境與誤導性之判斷。生產經營者利用食品標識宣傳自己的食品時，往往會披露很多的信息，普通消費者只會留下一個大概、模糊的印象，而很少分析標識的每個細節，所以應關注標識在整體上給消費者以何種印象和感知。換言之，食品標識中的信息不能孤立理解，而應根據上下文解釋。語境是關鍵。在美國法上，判斷標識是否具有誤導性時不僅要考慮標籤中的陳述、文字、設計、設備或上述因素的綜合；還要考慮標識在多大程度上沒有披露或解釋那些重要的信息。[90] 比如，雖然生產經營者在啤酒標識上宣稱「正宗的日本啤酒」，但其包裝上標示了「在加拿大或威斯康辛生產」。這一真實的信息披露消除了消費者對啤酒原產地的誤解。在判斷此種標識是否具有誤導性時，需要考慮這一清晰的聲明。[91]

在劉建勇與長沙市雨花區湘漢農副產品商行、湖南省長康實業有限責任公司網絡購物合同糾紛中，被告生產的食用油包裝中標示了「非轉基因」，在同一個包裝不同位置上又標示了「飲食更健康綠色年輕態」字樣。法院認為，「依據原告提供的照片顯示上述字樣並不具有連貫性，標籤中的『非轉基因』係告知消費者該商品的原材料係非轉基因的，『飲食更健康』係與『綠色年輕態』連貫使用的廣告語」。據此認定「非轉基因」和「更健康」不具有連貫性，不構成誤導消費者，從而駁回原告的訴求。[92]

89　Voluntary Labeling Indicating Whether Foods Have or Have Not Been Derived from Genetically Engineered Plants: Guidance for Industry.

90　Neil D. Fortin, Food Regulation: *Law, Science, Policy, and Practice* (Hoboken, NJ: John Wiley & Sons, 2016) p. 47.

91　*Bowring v. Sapporo U.S.A., Inc.*, 234 F. Supp.3d 386, 388 (E.D.N.Y. 2017).

92　參見劉建勇與長沙市雨花區湘漢農副產品商行、湖南省長康實業有限責任公司網絡購物合同糾紛，江西省吉安市青原區人民法院（2017）贛 0803 民初 345 號民事判決書。

第四節　我國轉基因標識制度的改革

　　轉基因信息披露和非轉基因信息披露影響轉基因生物的生產和經營。兩者是轉基因食品標識的內容，分別體現了轉基因標識和非轉基因標識。在規制方面，代表了政府對於商業言論的強制和商業言論的限制。因此，轉基因標識制度的改革不僅要考慮轉基因信息披露，亦要考量非轉基因食品標識。

一、轉基因信息披露制度的完善

　　2001 年《農業轉基因生物安全管理條例》建立了強制性標識制度，要求在標識目錄範圍內的農業轉基因生物必須明確標識，不論其轉基因成分含量。農業部 2002 年公佈第一批實施標識管理的農業轉基因生物目錄，涵蓋大豆、玉米、油菜、棉花和番茄五個品種的 17 個產品。不過，農業部此後並未修訂這一目錄，無法涵蓋其他轉基因生物，與快速發展的農業轉基因技術不相適應。另一方面，轉基因作物種植面積擴大和轉基因方法本身的不穩定性，有機作物或傳統作物中可能無意出現少量轉基因成分。而且，即使在種植轉基因作物時採取法定隔離措施，轉基因作物仍可能污染其他植物。由於我國採取定性標識——只要食品中含有轉基因成分就必須標識。因此，即便依法採取了安全隔離措施，只要食品中出現轉基因成分或使用過轉基因材料，生產者或經營者仍不得不披露轉基因信息，這將大大增加轉基因成分檢測的需求，增加管理成本。為此，有必要根據可持續發展原則改進我國的轉基因標識制度。有學者指出強制性轉基因食品標識制度對於轉基因食品的發展有阻礙作用，自願性轉基因食品標識則助推產業發展。因此需要重視標識的「標」和識功能。[93]

（一）建立全面標識與標識豁免

　　《農業轉基因生物安全管理條例》規定在標識目錄範圍內的農業轉基因生物需要標識。農業轉基因技術日新月異，不斷被運用到食品生

93　李響：《論我國轉基因食品的立法規制》，載《山西農業大學學報》2021 年第 5 期。

產和加工中。除了從轉基因植物中獲得的轉基因食品，轉基因三文魚等轉基因動物也相繼面世。目錄制度一方面具有滯後性，無法囊括所有的轉基因食品，與促進消費者知情權的目標並不匹配；而且目錄制度也很難解釋為什麼某些品種的轉基因食品需要標識，另外一些品種的轉基因食品卻無需標識。歐盟、澳大利亞、我國台灣地區等要求食品生產者或經營者披露轉基因信息的國家或地區多要求所有轉基因食品都必須張貼標識。因此，我國應該修改現行標識目錄，建立全面覆蓋的轉基因食品標識制度。[94] 同時，需要免除特定生產經營情況下的標識義務，如流動攤販或者即食食品提供者。

（二）建立閾值制度

根據《農業轉基因生物安全管理條例》和《農業轉基因生物標識管理辦法》，只要產品有轉基因成分或者由轉基因原材料加工而成，生產經營者負有披露轉基因信息的義務。技術革新，越來越多的轉基因食品出現，完全隔離轉基因食品和非轉基因食品的難度越來越大。繼續維持現行的定性轉基因標識制度，將使非轉基因食品生產經營者冒著極大的責任風險。除了我國採取定性轉基因標識政策外，所有要求食品生產者或經營者在食品標識中披露轉基因信息的國家或地區都設定了轉基因成分閾值，進行閾值管理。[95] 閾值管理是指對所有認為有風險的事物（如混雜率、異交率、陽性率、致死率、危害率等）給出一個容許的度，並以這個度為依據進行管理。[96] 應該依據轉基因技術的科學信息、衡平消費者信息需求和經營成本、綜合考慮國際貿易等因素合理設置轉基因標識閾值。

（三）進行可追溯性管理

根據《可追溯性和標識條例》，對於含有轉基因生物或者由轉基因生物組成的產品，在將轉基因食品投放市場的第一階段，經營者應書面告知接受產品的經營者：（1）產品含有轉基因生物或由轉基因生物組成；（2）獨特的識別因子（unique identified）。此後每一階段，經營者應書面逐級傳遞上述信息。而且，經營者應該記錄和保存轉基因生物、識別因子、上游經營者和下游經營者等信息。保存期限不少於 5 年。對於產自轉基因生物用於食品或飼料的產品，要顯示食品或

94　關占文：《食品標識中的轉基因信息披露：以商業言論為視角》，載《政法論叢》2017 年第 5 期。

95　同上注。

96　厲建萌等：《淺談轉基因產品閾值管理》，載《農業科技管理》2009 年第 3 期，第 32 頁。

飼料成分，經營者應該記錄和保存轉基因生物、上游經營者和下游經營者等信息。如果產品中只有沒有超過法定閾限的微量轉基因，無需適用可追溯性和標識義務。

消費者不僅關心最終產品中是否含有轉基因成分，而且關心產品的原材料或者生產過程。建立在過程偏好之上的轉基因信息披露制度要求對產品的生產、加工、運輸和銷售等所有環節全程追溯，各階段的生產者或經營者必須建立信息傳遞和保存程序。這將增加生產或經營成本。不過，食品追溯體系造成的成本並非轉基因食品獨有。《食品安全法》規定國家建立食品安全全程追溯制度。食品生產經營者應當依照本法的規定，建立食品安全追溯體系，保證食品可以追溯。國家鼓勵食品生產經營者採用信息化手段採集、留存生產經營信息，建立食品安全追溯體系。

二、非轉基因信息披露制度革新

針對市場中的虛假非轉基因食品標識，行政機關除了加強常規監管外，還通過專項活動予以打擊。2014 年以來，國務院及其職能部門多次將「規範轉基因食品標識的使用」列入年度重點工作安排。然而，在轉基因技術快速發展、供應鏈國際化的背景下，單純依賴於政府監管的專項治理和日常執法已暴露出許多不足。需要明確非轉基因標識規制的目標，並建立自我規制與政府規制混合的規制體系。

（一）非轉基因標識的規制目標

信息是已知的一種影響人類決策的力量。信息的呈現方式、信息的感知和加工方式影響人的行為。信息不對稱現象在食品領域非常顯著。食品生產經營者掌握產品的生產、運輸、銷售、儲存等各環節的信息，處於信息優勢地位，消費者通常只能被動獲取食品的成分、質量等信息，處於劣勢地位。隨著食品生產加工和交通技術的發展，許多食品具有搜索、經驗和信任屬性。消費者很難通過購買、個人使用或理性分析評估食品屬性和特徵。味道、風格或者生產過程等難以觀察到的產品特徵本質上難以量化，但卻是需求的常見決定因素。在食品標識中虛假標注非轉基因信息，誤導消費者，扭曲市場競爭。治理虛假非轉基因標識，可以矯正消費者與生產經營者之間的信息不對稱，保障公平市場競爭。

另一方面，治理虛假非轉基因標識並不意味著禁止一切非轉基因標識。如果食品生產經營者能夠在食品標識中妥當地標注非轉基因信

息，不僅增加了市場上的信息供給，也豐富了消費者的選擇，培育健康的消費市場。因此，歐美國家通過立法或司法判例確認非轉基因標識制度。以德國為例，由於歐盟法律沒有為非轉基因食品設定強制性標識要求，德國 2008 年修訂《基因技術法》，建立自願性非轉基因標識制度，為使用非轉基因植物或未餵養轉基因飼料的轉基因動物加工而成的食品建立標準。2018 年，德國非轉基因食品的銷量高達 110 億美元，比 2017 年增長了 41%，銷量逼近有機食品。美國也是如此。自食品零售企業喬氏超市（Trader Joe's）在 2001 年首次引入非轉基因標識後，非轉基因項目認證（Non-GMO Project Verified）成為增長最快的食品標識，認證為非轉基因的食品數量越來越多。據統計，2019 年美國有 3000 多個品牌下的 5 萬多種商品使用了「非轉基因標識」，價值超過 260 億美元。[97] 而且，早期半數以上標注非轉基因的食品通常也貼有有機標識。但是，隨著時間的推移，同時使用「非轉基因標識」和「有機標識」的食品數量正在下降，證實非轉基因產品的市場逐步獲得獨立認可。[98]

因此，保障合法的「非轉基因」標識，維護食品生產經營者的商業表達權利，促進相關市場的有序發展，是我國非轉基因食品標識規制的目標之一。同時，治理虛假「非轉基因標識」，維護消費者知情權和公平選擇權、維護其他生產經營者的合法權利，亦是我國非轉基因食品標識規制的目標。

（二）加強食品生產經營者的自我規制

自我規制要達到預期目標，首要條件是規制主體有自我規制的動力。[99] 消費者對非轉基因食品的偏好為食品生產經營者選擇「非轉基因標識」提供了動機。事實上，各國法律只為轉基因食品設定強制性披露要求，非轉基因標識均是食品生產經營者自願選擇的結果。食品生產經營者可以通過合同、第三方認證等方式實現自我規制。

首先，食品生產經營者可通過運用合同的手段，要求平等主體之間強制性地約定確保食品安全的特殊義務和責任條款，通過執行合同、懲罰違約者來實現企業的自我規制。[100] 一些食品生產經營者雖然沒

97　Verification FAQS，https://www.nongmoproject.org/product-verification/verification-faqs/，最後訪問日期：2020 年 5 月 7 日。

98　Elena Csstellari et al., "Food Processor and retailer non-GMO standards in the US and EU and the driving role of regulation", (2018) *Food Policy* 78, pp. 26-37.

99　Douglas C. Michael, "Federal Agency Use of Audited Self-regulation As a Regulatory Technique", (1995) *Administrative Law Review* 47(2), p. 171.

100　王旭：《中國新〈食品安全法〉中的自我規制》，載《中共浙江省委黨校學報》2016 年第 1 期。

有在包裝中使用非轉基因表述，但在網站或其他宣傳材料中提及產品的非轉基因特性。英國的超市在上世紀 90 年代開始在自有品牌中去除轉基因成分，包括在肉製品中選擇未使用轉基因飼料餵養的動物。為此，超市往往與食品供應商簽訂合同，要求供應商提供非轉基因植物或者用非轉基因飼料餵養的動物製品。只是為了避免向消費者作出產品是非轉基因的絕對承諾，零售商並未主動向消費者宣傳這一點。[101]

生產商和供應商之間的合同不具有公開性，難以為第三人或消費者知曉。通過合同規制可以降低食品生產經營者進出非轉基因行業的成本。當市場發生變化時，生產經營者可以變更或者解除合同，不會遭受過大的聲譽損失。然而，轉基因技術發展迅猛，CRISPR 等新型基因編輯技術縮短了轉基因產品設計、建設、驗證的循環時間，加快轉基因產品研發和應用的節奏，越來越多的轉基因產品將出現。食品供應商很難保障其食品中沒有轉基因成分。英國主要大豆供應商 2010 年前曾經簽訂合同，保障供應非轉基因大豆。2010 年後，由於轉基因大豆市場佔有率增長，大豆供應商向零售商撤回其非轉基因政策。零售商阿斯達公司（ASDA）也於 2010 年允許他們的禽類供應商使用轉基因飼料。

其次，通過第三方認證實現自我規制。由食品企業或者行業根據自身需要建立生產、加工、銷售的一系列標準，已成為基本的自我規制措施。通過此種第三方標準，可以降低食品交易鏈條中各主體的交易成本和事故發生後的責任成本；企業亦贏得美譽度，實現差異化銷售。而且，通過第三方認證的廣泛參與，降低政府監管的成本，減少信息不對稱。為了保持非轉基因產品的純粹性，防治基因混雜，歐美企業開始引入 IP（Non-GMO Identity Preservation Certification）認證體系，覆蓋作物種植、運輸和加工等生產供應鏈過程，保持非轉基因產品的非轉基因「身份」。由於這些認證機構通常是營利機構，申請認證表明企業願意承擔費用來滿足消費者關切。此類認證也為食品生產經營者建立訴訟隔離帶，如果轉基因產品無意進入產品中並引發過失之訴，潛在的責任可能配置給第三方審核者。[102]

中國檢驗認證集團質量認證有限公司於 2004 年 2 月經國家認監委批准開展非轉基因認證的試點工作，並於 2007 年編製和發佈《非

第四章　轉基因食品標識管理

---

101 State of play in the EU on GM-free food labelling schemes and assessment of the need for possible harmonisation.

102 Melissa Mortazavi, "Tort as Democracy: Lessons from the Food Wars", (2015) *Arizona Law Review* 57(4), p. 929, 976.

轉基因身份保持（IP）認證技術規範》。[103] 此後，中國質量認證中心於 2017 年公佈《CQC76-000200-2017 非轉基因產品身份保持認證規則》。目前，內地開展非轉基因認證的機構逐漸增多，SGS 和 BSI 等國外認證機構把業務觸角伸至內地。在非轉基因食品虛假宣傳糾紛中，我國法院採信認證機構對食品生產經營者的 IP 非轉基因供應鏈檢查評定，認定涉案產品不存在虛假宣傳。[104] 然而，我國的非轉基因認證標準比較零散，不同認證機構遵循不同的認證標準和規範，尚未形成統一非轉基因認證體系。此外，內地第三方認證在產品出口時的認可度有限，導致產品錯失國外市場。因此，需要加強第三方認證機構的專業化水平建設，提高認證專業能力和標準；通過對程序要求和記錄控制等方式加強對第三方認證的可追溯性，加強與歐美國家非轉基因認證機構的銜接。

---

103 非轉基因身份保持（IP）認證技術規範（申請備案稿）編制説明，http://www.cnca.gov.cn/cnca/rdht/rzjsgfgl/zqyj/20384.shtml，最後訪問日期：2020 年 5 月 8 日。

104 李立新訴沃爾瑪深國投百貨有限公司巴陵中路分店等虛假宣傳糾紛，湖南省嶽陽市嶽陽樓區人民法院（2015）樓民四初字第 234 號民事判決書。

第五章

基因污染
受害者的
請求權

     轉基因作物基因污染可能造成經濟損失、生態環境損害，同時使得非轉基因作物種植者面臨專利侵權責任。需要檢視現行法秩序下轉基因作物基因污染受害者的救濟渠道。考慮到轉基因作物所致經濟損失和生態環境損害不同於專利侵權，本節先論述基因污染受害者的請求權。

第一節　基因污染侵權責任的進路

一、比較法考察

　　針對轉基因作物可能造成的損害，比較法考察顯示，各國選擇了不同的立法進路。直到 2016 年，美國國會一直沒有專門制定關於轉基因生物的特別法律。2016 年，美國國會通過《國家生物工程食品披露標準》，強制要求披露轉基因信息。不過，美國國會和各州沒有制定關於轉基因生物損害的特別法律。司法實踐中，法院一般依據普通法（包括過失、私人妨害）和各州的產品責任法、消費者保護法等裁判案件。[1] 同屬普通法系的英國沒有制定特別規則，適用現行法律。澳大利亞雖然制定了《基因技術法》，但考慮到轉基因生物損害責任方面的巨大分歧，沒有在法律中明確轉基因生物所致損害的責任。[2]

　　歐盟雖然制定了關於轉基因生物的眾多條例和指令，但是並不涉及轉基因生物損害。由於各國法治傳統、轉基因生物發展階段等方面的差異，歐盟各成員在轉基因生物損害問題上做法不同，大致可以分為三類：（1）制定關於轉基因生物損害的特別規範，如德國 1990 年制定了《基因工程法》（Genetic Engineering Act），其中包括了轉基因生物侵權條款。（2）沒有制定特別規範，准用現行責任規範。匈牙利 1998 年制定《基因技術法》（Act on Gene Technologies）。該法第 27 條規定，基因技術活動可能具有相當大的危險性，因此，對於這種活動引起的損害賠償責任，應適用《匈牙利民法典》中有關危險活動損害賠償的規定。2006 年，匈牙利議會修改 1998 年法律，規定沒有完全隔離轉基因生物和非轉基因生物的損害也適用極度危險活動的責任

1　Margaret Rosso Grossman, "Genetically Modified Crops and Food in the United States: the Federal Regulatory Framework, State Measures, and Liability in Tort", in Luc Bodiguel and Michael Cardwell ed., *The Regulation of Genetically Modified Organisms: Comparative Approaches* (New York: Oxford University Press, 2010), p. 322.

2　《基因技術法》雖然使用了「嚴格責任違反（strict liability offense）」的詞語，但並不是從侵權法上的嚴格責任立場去使用，而是指沒有獲得許可開展轉基因生物活動後承擔的刑事責任，如入獄或罰款等。

制度。[3] 芬蘭 1995 年《基因技術法》(*Gene Technology Act 377/1995*) 對轉基因生物損害賠償進行了更為細緻的規定。即環境損害賠償適用《環境損害賠償法》的規定、轉基因產品造成的消費者人身傷害或財產損失適用《產品責任法》、其他損害的賠償遵循《侵權責任法》的規定。(3) 一般侵權規則與特殊責任規範結合。針對轉基因生物可能造成的損害，丹麥適用現行侵權規則，特別是過失和相鄰關係規範。同時考慮轉基因產品可能意外出現在非轉基因產品中，為了鼓勵轉基因和非轉基因共存，丹麥 2004 年制定《關於種植轉基因作物等的法律》(*Act on the Growing etc. of Genetically Modified Crops*)，建立特殊賠償安排。由國家和轉基因作物種植者共同繳納出資，成立基金，因基因污染等遭受損失的農民可以申請賠償。

二、我國沒有轉基因生物損害的特別規範

《食品安全法》和《種子法》等法律規定了轉基因生物的釋放、加工和進口。不過，我國轉基因生物規範主要表現為行政法規和部門規章，如《農業轉基因生物安全管理條例》(見表 5.1)。

有關轉基因生物的行政法規和部門規章曾提及轉基因生物侵權責任。1993 年《基因工程安全管理辦法》第 28 條規定，「違反本辦法的規定，造成下列情況之一的，負有責任的單位必須立即停止損害行為，並負責治理污染、賠償有關損失；情節嚴重，構成犯罪的，依法追究直接責任人員的刑事責任；(一) 嚴重污染環境的；(二) 損害或者影響公眾健康的；(三) 嚴重破壞生態資源、影響生態平衡的」。從文本上解釋，這一條款規定了轉基因生物侵權的要件：違反規定、污染環境、造成損害和因果關係。該條款與《民法典》環境污染責任規定不一致：(1)《民法典》第 1229 條明確規定了無過錯責任，即污染環境或破壞生態造成他人損害的，侵權人應當承擔侵權責任。[4] 相比之下，《基因工程安全管理辦法》第 28 條將違反規定作為損害責任之構成要件。(2)《基因工程安全管理辦法》第 28 條要求損害必須達到嚴重程度，即「嚴重污染環境的」或「嚴重破壞生態資源、影響生態平衡的」。換而言之，沒有造成嚴重損害的，不會引發環境污染責任。這與《民法典》的環境污染責任不一致。2001 年《農業轉基因生物

3　Attila Menyhard, "Economic Loss Caused by GMOs in Hungary", in Bernhard A. Koch, ed., *Economic Loss Caused by Genetically Modified Organisms* (London: Springer, 2008), p. 259.

4　關於環境污染歸責原則，需要區分能量污染和物質污染。水污染、大氣污染等適用無過錯責任原則，但是根據《噪聲污染防治法》，噪聲只有超標才構成污染。

安全管理條例》第 54 條規定,「違反本條例規定,在研究、試驗、生產、加工、貯存、運輸、銷售或者進口、出口農業轉基因生物過程中發生基因安全事故,造成損害的,依法承擔賠償責任」。這個條文似乎也採納過錯責任原則,不過其措辭(違反……依法)和其他法律相似,顯示立法者似乎希望借助其他法律解決賠償責任問題,而非就賠償責任特別立法,其也未規定賠償主體、免責條件等。總言之,我國現行轉基因生物規範並沒有建立特別的責任制度,而是指向其他法律中的民事責任制度。

表 5.1 有關轉基因生物的法律、行政法規、部門規章

序號	法律名稱	主要內容
1	《食品安全法》	第 69 條　生產經營轉基因食品應當按照規定顯著標示。
2	《種子法》	第 7 條　轉基因植物品種的選育、試驗、審定和推廣應當進行安全性評價,並採取嚴格的安全控制措施。國務院農業、林業主管部門應當加強跟蹤監管並及時公告有關轉基因植物品種審定和推廣的信息。 第 41 條　銷售轉基因植物品種種子的,必須用明顯的文字標注,並應當提示使用時的安全控制措施。 第 58 條　從境外引進農作物、林木種子的審定權限,農作物種子的進口審批辦法,引進轉基因植物品種的管理辦法,由國務院規定。
3	《農產品質量安全法》	第 30 條　屬農業轉基因生物的農產品,應當按照農業轉基因生物安全管理的有關規定進行標識。
4	《農業法》	第 64 條　農業轉基因生物的研究、試驗、生產、加工、經營及其他應用,必須依照國家規定嚴格實行各項安全控制措施。
5	《畜牧法》	第 20 條　轉基因畜禽品種的培育、試驗、審定和推廣,應當符合國家有關農業轉基因生物管理的規定。
6	《漁業法》	第 17 條　引進轉基因水產苗種必須進行安全性評價,具體管理工作按照國務院有關規定執行。
7	《農業轉基因生物安全管理條例》	專門關於農業轉基因生物的行政法規。

基因污染風險規制與法律救濟

8	《食品安全法實施條例》	第 33 條　生產經營轉基因食品應當顯著標示，標示辦法由國務院食品安全監督管理部門會同國務院農業行政部門制定。
9	《農業轉基因生物安全評價管理辦法》	農業部關於農業轉基因生物安全評價的部門規章。
10	《農業轉基因生物標識管理辦法》	農業部關於農業轉基因生物標識管理的部門規章。
11	《農業轉基因生物加工審批辦法》	農業部關於農業轉基因生物加工審批的部門規章。
12	《農業轉基因生物進口安全管理辦法》	農業部關於農業轉基因生物進口管理的部門規章。
13	《基因工程安全管理辦法》	科學技術部關於基因工程安全管理的部門規章。

第二節　基因污染類型化

　　針對轉基因生物的潛在風險，各國對轉基因生物的封閉使用、環境釋放或者食用加以不同程度的規制。美國和歐盟分別採取實質等同和風險預防的規制理念，看似截然不同的風險規制模式，但實質等同和風險預防的差異更多表現為「風險」的解釋。實質等同堅持以科學為風險的判斷標準，但風險預防主張「科學不確定性」不能成為採取措施的理由。因此，如果基於現有科學進行風險評估後證明某些轉基因生物沒有風險或者風險可管理，歐盟將批准這些轉基因生物上市。同理，如果轉基因食品具有新性狀或新特點（novel），美國要求食品生產者必須經過許可才能將其產品上市。而且，如果美國動植物衛生檢疫局決定將某些轉基因生物歸為「不受規制」的地位，必須按照《國家環境政策法》和《瀕危物種法》進行環境影響評估。

　　《農業轉基因生物安全管理條例》建立農業轉基因生物安全風險評價制度，農業部據此頒佈《農業轉基因生物安全評價管理辦法》。根據受體生物、基因操作方法等因素，可以按照危險等級將農業轉基因生物分為 I 級、II 級、III 級和 IV 級，分別對應不存在危險、低危險、中危險、高危險。而且，從實驗研究到最後種植、上市銷售，轉基因作物要經過實驗研究、中間試驗、環境釋放、生產線試驗和生物安全證書等階段，生產和經營需要取得許可。除了一些轉基因生物的實驗研究由研究單位自行管理外，向環境釋放轉基因生物必須向農業主管部門提交相應申請文件。如進行中間試驗，試驗單位向農業轉基因生物安全管理辦公室報告時應當中間試驗報告書、實驗研究總結報告、農業轉基因生物的安全等級和確定安全等級的依據、相應的安全研究內容、安全管理和防範措施。經過嚴格的風險評估，行政機構許可科學實驗證明風險較低的轉基因生物進入市場。雖然許可無法排除轉基因作物的風險，但顯然反映被許可上市之轉基因作物的危險性較低。[5]

　　基於事物或活動的危險程度進行分類，是民事責任制度經常採取的方法。例如，對動物依野生還是馴養進行區分。英國普通法對於由野生動物造成的損害，或者其飼養人知道其存在「惡毒、殘忍或危險」

5　闕占文：《轉基因作物基因污染受害者的請求權》，載《法學研究》2015 年第 6 期。

傾向的動物且其行為是基於這樣的明知而造成的損害，施以嚴格賠償責任。[6]《民法典》侵權責任編第九章「飼養動物損害責任」區分了可以合法飼養的動物和禁止飼養的烈性犬等危險動物，兩者都適用無過錯責任歸責原則，但是在合法飼養情況下可以主張抗辯，即如果飼養人能夠證明損害是因被侵權人故意或重大過失造成的，可以不承擔或者減輕責任；相反對於禁止飼養的烈性犬等危險，飼養人不能主張此抗辯。理由在於烈性犬潛伏種種威脅的情況下，讓它的飼養人或管理人承擔更加嚴格的責任，是對社會、公眾負責的態度。[7]

根據轉基因作物的危險屬性及其造成的基因污染所發生的階段，可以區分處於實驗階段的轉基因作物造成的基因污染（以下簡稱「實驗階段的基因污染」）和已經許可上市的轉基因作物造成的基因污染（以下簡稱「許可上市後的基因污染」）。前者包括處於實驗室研究或田間試驗階段的轉基因作物造成的基因污染，後者常見形態為轉基因種子被許可上市後在農民種植過程中發生的基因污染。[8]

上述分類不僅和比較法實踐一致，而且有利於區分不同的轉基因作物。一方面，比較法上有些國家區分了不同階段轉基因作物造成的損害。德國 1990 年《基因工程法》建立嚴格責任制度。根據 1990 年《基因工程法》第 32 條，如果通過基因工程產生的生物的特徵造成人員死亡、或損害其健康、或財產損害，經營者須承擔責任。第三方過錯或不可抗力不能免除經營者的責任，《基因工程法》僅僅規定受害者的過失促成損害時，可以減輕或免除經營者的責任。但是，從 1990 年《基因工程法》的經營者定義可以看出，這一嚴格責任僅僅針對通過實驗室或封閉實驗、田間試驗或者未經許可故意向環境釋放轉基因生物的主體。而且，損害的範圍限於對人身、財產的直接、有形損害（包括自然和風景）。[9] 2004 年，德國修改《基因工程法》，在轉基因生物損害責任部分增加第 36a 條。第 36a 條明確和補充了《德國民法典》侵權規則。另一方面，在《生物安全議定書》轉基因生物的責任與救濟問題談判時，不少談判代表主張普遍適用無過錯責任。如有機農業運動國際聯盟（International Federation of Organic Agriculture Movements，IFOAM）提出，轉基因生物的所有者（owner）對基因污

6　See Ferdinand F. Stone, "Liability for Damage Caused by Things", in Andre Tunc ed., *International Encyclopedia of Comparative Law*, Vol. XI, Torts (The Hague: Martinus Nijhoff, 1983), p. 12.

7　黃薇：《中國人民共和國民法典侵權責任編釋義》（北京：法律出版社 2020 年版），第 236 頁。

8　闕占文：《轉基因作物基因污染受害者的請求權》，載《法學研究》2015 年第 6 期。

9　Stuart J. Smyth, Drew L. Kershen, "Agricultural Biotechnology: Legal Liability Regimes from Comparative and International Perspectives", (2006) *Global Jurist Advances* 6(2).

染造成的任何損害負責。包括種子在內的自然資源所有權不符合有機農業的原則。與此同時，那些自認為是轉基因所有者的人應該對其產品造成的任何損害負責。因此，責任應該被認為是非常嚴格的。轉基因生物所有者有責任對其產品的使用者（即農民、生產者）進行指導，以避免造成損害。[10] 然而，需要注意的是，嚴格責任一般適用於極端危險活動。被許可生產、進口或加工的轉基因生物經歷了嚴格而詳細的風險評估程序。不加區分地將所有轉基因生物或者轉基因活動視為危險活動，不但減損轉基因生物許可的意義，減少轉基因生物研發者或生產者申請許可的動力，亦加重轉基因生物所有者的負擔。同時，抑制了新技術的開發和應用，因為經營者無法通過行使應有的謹慎和嚴格的產品管理來避免責任。

---

10 Report of the Open-ended ad hoc working group of legal and technical Experts on Liability and Redress in the Context of the Cartagena Protocol on Biosafety on the Work of its Second Meeting UNEP/CBD/BS/COP-MOP/3/10, 2006, p.46.

第三節　實驗階段的基因污染責任

一、歸責原則

考慮到處於實驗階段的轉基因作物的危險屬性、技術特點和受害者救濟等因素，實驗階段的轉基因作物造成的基因污染應該適用無過錯責任。[11] 理由是：（1）相比於經過合法許可的轉基因作物，實驗階段的轉基因作物仍處於實驗階段，對於其可能造成的損害、安全控制措施等尚缺乏充分的了解。無論是實驗室研究、田野實驗或者生產性實驗，「幹中學」是試驗的主要目的，即通過試驗積累關於這些生物收益和風險的知識，減少知識鴻溝。從風險負擔的角度而言，風險引入者應該承擔風險管控的責任，開展轉基因作物實驗的單位應該承擔控制風險的責任。（2）技術特點。無論是試驗階段還是許可後，基因漂移等是非常專業的活動，專業人員之間關於轉基因技術風險有很多研究和爭論，非專業技術人員更無法理解基因漂移的規律、防控基因漂移的措施等。適用無過錯責任，受害者無需證明加害人一方的主觀過錯，便利受害者追償。在《生物安全議定書》責任與救濟問題談判時，斯里蘭卡、綠色和平組織更是主張「只要造成損害，就要承擔責任，不允許責任豁免」。

二、基因污染所致人身傷害的救濟

實驗階段的基因污染可能造成人身傷害、財產損失和環境損害，受害者可能基於不同的請求權基礎主張救濟。因此，首先需要釐定實驗階段基因污染可能造成的損害形態，繼而依據現有法律主張救濟。

基因污染造成人身傷害，比較典型的形態如農民種植綠色作物並銷售綠色產品，但是含有過敏原的基因漂移到其種植的有機作物中或

11　王康亦認為應該適用無過錯責任，但是他並未區分不同階段的基因污染。王康：《基因污染的現行侵權法規範之因應政策：以損害救濟為中心的初步分析》，載《大連理工大學學報》2012年第4期。

者混雜到其綠色產品中，上市銷售造成消費者人身傷害。[12]《民法典》第 1202 條規定，因產品存在缺陷造成他人損害的，生產者應當承擔侵權責任。《消費者權益保護法》和《產品質量法》亦明確了產品責任。消費者可以依據《民法典》產品責任和《消費者權益保護法》向有機產品生產者主張救濟。然而受害者可能面臨不少障礙，特別是證明產品存在缺陷。

產品缺陷是產品責任的核心概念，亦是生產者承擔責任的關鍵問題。根據《產品質量法》第 46 條，缺陷是指產品存在危及人身、他人財產安全的不合理的危險；產品有保障人體健康和人身、財產安全的國家標準、行業標準的，是指不符合該標準。可見，標準和危險是判斷產品缺陷的依據，而且標準往往具有優先性。換言之，如果存在國家或行業標準，不符合標準就推定為產品缺陷。隨著產品責任制度的發展，我國司法制度借鑒國外產品缺陷理論和實踐，豐富產品缺陷的內涵和外延。[13] 產品缺陷包括製造缺陷（manufacturing defect）、設計缺陷（design defect）、產品警示說明不充分（failure to warn or instruct）。製造缺陷指產品背離了生產者的產品說明；設計缺陷指產品的計劃或者說明存在缺漏，不過設計缺陷的判斷非常有爭議；產品警示說明不充分指安全要求產品銷售時配有警示說明，但沒有配有充分的警示說明。

針對綠色產品種植和銷售，國務院辦公廳發佈《關於建立統一的綠色產品標準、認證、標識體系的意見》，要求建立構建統一的綠色產品標準、認證、標識體系。開展綠色產品標準體系頂層設計和系統規劃，充分發揮各行業主管部門的職能作用，共同編製綠色產品標準體系框架和標準明細表，統一構建以綠色產品評價標準子體系為牽引、以綠色產品的產業支撐標準子體系為輔助的綠色產品標準體系。參考國際實踐，建立符合中國國情的綠色產品認證與標識體系，統一制定認證實施規則和認證標識，並發佈認證標識使用管理辦法。在此之前，我國有關部門頒佈了《有機產品認證管理辦法》等規章和地方性法規，要求生產、加工和銷售供人類消費、動物食用的產品必須符合有機產品國家標準。如果產品有上述保障人體健康、人身、財產安全的國家標準、行業標準，產品缺陷「是指不符合該標準」。這是從

---

12 如將從綠豆中的基因插入花生中，可能造成的過敏反應。See Katharine A. Van Tassel, "Genetically Modified Plants Used for Food, Risk Assessment and Uncertainty Principles: Does the Transition from Ignorance to Indeterminacy Trigger the Need for Post-Market Surveillance?", (2009) *Boston University Journal Science & Technology Law* 15(2), p. 220, 232.

13 如吳英訴貝親株式會社等產品損害賠償糾紛案，見《人民司法・案例》2008 年第 8 期。

方便對缺陷產品認定的角度出發作出的規定。[14] 換言之，如果產品符合相應標準，往往不被認為存在缺陷。因此，如果綠色作物種植者遵守了相應生產操作規範，其產品仍舊可能出現轉基因成分，此時難言其產品存在缺陷。

受害者在證明產品的轉基因成分時，亦面臨艱難的證明。這點體現在朱燕翎訴雀巢轉基因食品案中，原告主張被告存在欺詐。鑒定機構上海市農業科學院在兩次鑒定中採取了不同的方法，得出不同結論。一審法院認定，「根據上海市農業科學院最終的鑒定結論，本案系爭食品中並不含有轉基因成分，朱燕翎雖對該鑒定結論不予認可，但並無足以反駁的相反證據和理由」。據此駁回原告的訴訟請求。[15] 二審法院指出，上海市農業科學院先後出具的兩份檢測報告，因上海市農業科學院第一次檢測結論係採用其自行制定的巢式 PCR 方法而得出，該檢測方法在檢測手段和技術上是否具有領先性以及檢測結論是否具有確定性，均未得到國家有關主管部門的審核認可，故不能為本案所採用。而第二次檢測採用的《轉基因植物及其產品檢測　大豆定性PCR 方法》是目前對轉基因植物及其產品進行檢測的農業行業標準，具有現實性和規範性，一審法院予以採用是正確的。[16]

三、環境污染與基因污染所致損害賠償

基因污染所致財產損失的形態更為多樣，包括市場限制、管理費用支出、喪失認定資格等。需要注意的是，由於此時轉基因作物尚處於試驗階段，並未獲得上市許可，受害者主要是種植非轉基因作物的農民，《民法典》環境污染和生態責任規範和高度危險責任都可能成為請求權基礎。[17] 匈牙利和芬蘭就各自選擇了環境污染責任和高度危險責任兩種不同的制度。《民法典》第 1229 條規定，因污染環境、破壞生態造成他人損害的，侵權人應當承擔侵權責任。環境污染責任的構成要件包括污染環境行為、實際損害、因果關係。[18] 受害者在上述三個要件上都面臨不同程度的障礙。

第一，污染的認定。《民法典》、《環境保護法》和很多法律提及

14　王勝明主編：《中華人民共和國侵權責任法解讀》（北京：中國法制出版社 2009 年版），第215 頁。

15　上海市第二中級人民法院（2003）滬二中民一（民）初字第 52 號判決書。

16　上海市高級人民法院（2004）滬高民一（民）終字第 78 號判決書。

17　王康：《基因污染的侵權法意涵》，載《蘭州學刊》2014 年第 12 期。

18　汪勁：《環境法學》（第 4 版）（北京：北京大學出版社 2018 年版），第 280 頁。

環境污染和生態破壞，但是並沒有明確環境污染的定義。全國人大法工委出版的民法典釋義中，指出「污染環境主要指向環境排放物質或能量超過了環境的自淨能力，從而導致環境質量降低；生態破壞大多是對自然資源的不合理開發利用行為，導致環境要素的數量減少或質量降低，破壞環境效能和生態平衡」。[19] 司法實踐中，法院有時會定義環境污染。如最高人民法院在祝宇峰與三亞市湯他水利水電工程管理處水污染責任糾紛案指出，環境污染是指自然的或人為的破壞，向環境中添加某種物質而超過環境的自淨能力而產生危害的行為，或者由於人為的因素，環境受到有害物質的污染，使生物的生長繁殖和人類的正常生活受到有害影響。[20] 有疑問的是，「釋放轉基因生物」是否屬「環境污染」？因試驗階段的基因污染遭受的損害能否適用環境污染責任制度？向環境釋放轉基因作物，可能導致生物多樣性喪失，從這個意義上講，基因污染可能構成《民法典》生態破壞。然而，考慮到轉基因技術的爭議，這些問題的答案是不明確的。[21]

第二，實際損害的認定。DNA 存在於細胞之中，是生命信息的攜帶者，將生命信息傳遞給下一代。基因是 DNA 分子中含有特定遺傳信息的一段核苷酸序列的總稱，是具有遺傳效應的 DNA 片段，是控制生物性狀的基本遺傳單位。[22] 基因的屬性使得基因污染造成的經濟損失往往沒有表現為物體外觀的改變，可能屬侵權法上的「純粹經濟損失」。《民法典》是否涵攝此類經濟損失？從《民法典》的權利規範、違約責任和侵權責任的區分等方面解釋，《民法典》沒有建立純粹經

19　黃薇：《中國人民共和國民法典侵權責任編釋義》，第 176 頁。

20　祝宇峰與三亞市湯他水利水電工程管理處水污染責任糾紛，最高人民法院（2019）最高法民再 406 號判決書。

21　比如 2010 年 3 月 3 日，科技部在其官方網站世博會專欄中發佈「世博科技專項行動」，宣稱「通過在食品安全、應急防範等方面組織科技攻關，為食品檢測、防恐反恐等方面提供了技術手段……『食品中病原體、有毒有害物質、轉基因成分等快速現場檢測』，已成功研製開發出多個食品安全檢測產品，並已在上海及周邊地區檢測機構示範應用。」這則報道被有些網民解讀為轉基因與病原體、有毒有害物質一樣，都危害食品安全。為此，科技部 2010 年 4 月 19 日在其網站作出《關於世博科技專項行動中應用快速檢測技術檢測食品中轉基因成分的說明》，稱「上海世博是我國承辦的國際性盛會。世博科技專項行動組織開展對已有的相關檢測技術在上海世博會中的集成應用，目的是滿足上海世博會中將屬我國轉基因標識目錄中的轉基因產品加貼轉基因標籤的需要，提供快速檢測和鑑別的技術手段，這與檢測病原體、有毒有害物質不同」。http://www.gov.cn/gzdt/2010-04/19/content_1586601.htm，最後訪問日期：2021 年 12 月 8 日。

22　農業部農業轉基因生物安全管理辦公室等主編：《轉基因 30 年實踐》（北京：中國農業科學技術出版社 2012 年版），第 3 頁。

濟損失的一般條款，往往通過特別法支持特定的純粹經濟損失。[23]換言之，純粹經濟損失賠償表現為「加法」模式。目前，法院在司法實踐已有支持環境污染純粹經濟損失賠償的案例。[24]

　　發生純粹經濟損失後，應當首先檢驗第一層保護，即各種特別規範。這裡包含了立法者直接和明確的純粹經濟損失保護目的，應當最優先實現。若不能通過，則檢驗第二層保護，即各種保護他人的法律。此類規範中依然可以解釋出立法者對他人純粹經濟利益的保護目的，並通過「轉介條款」實現之。再不能通過，則檢驗第三層保護，即「背俗故意致損」，這是純粹經濟損失的最低保護程度。仍不能通過，則宣佈對該純粹經濟損失不予救濟。[25]當然，需要注意的是，權利和利益本身是可以轉換的，有些利益隨著社會發展糾紛增多，法院通過判例將原來認定為利益的轉而認定為權利，即將利益「權利化」。[26]

　　第三，因果關係的證明。因果關係是侵權責任成立的前提，也是量化賠償範圍的依據。普通法系國家往往採取「事實因果關係和法律因果關係」的兩步走方法，大陸法系國家一般通過相當性等理論判斷因果關係。總體上，只有存在事實上的因果關係，才可能判斷是否存在法律上的因果關係。換言之，事實上的因果關係是必要條件，而非充要條件。環境污染的原因非常複雜，聚合性因果關係比較常見，因此因果關係的認定是環境污染責任糾紛中的重要問題。為此，《民法典》延續了《侵權責任法》規範，實行因果關係舉證責任倒置，即行為人應當就法律規定的不承擔責任或者減輕責任的情形及其行為與損害之間不存在因果關係承擔舉證責任。需要注意的，舉證責任倒置並不意味著受害者

23　《民法通則》起草時，立法者根本沒有純粹經濟損失的概念，「財產」自然無法涵蓋「純粹經濟損失」。《侵權責任法》也沒有一般地考慮純粹經濟損失的問題。侵權責任法要不要區分對民事權利的保護和對民事利益的保護，設定不同的侵權構成要件，存在爭議。有的意見認為，民事權利和民事利益在民事中的地位不同，對民事利益的保護有嚴格的限制，通常只有在行為人具有主觀惡意的情況下，才有必要對受害人受到侵害的利益提供侵權責任法上的救濟，建議侵權責任法借鑒德國模式。侵權責任法最終沒有採納這種意見，主要是考慮到權利和利益的界限較為模糊，很難清楚地加以劃分。所以，《侵權責任法》沒有進一步區分權利和利益，而是統一規定，「侵害民事權益，應當依照本法承擔侵權責任」。王勝明主編：《中國人民共和國侵權責任法解讀》（北京：中國法制出版社 2010 年版），第 10 頁。

24　在內蒙古塞外星華章紙業股份有限公司等與包頭市供水總公司環境污染損害賠償糾紛上訴案中，法院支持原告的純粹經濟損失賠償請求。「原告要求被告塞外星公司、美利北辰公司、臨海化工公司及總排幹管理局連帶賠償黃河水源總廠和磴口淨水廠因停產造成的產值損失272.84 萬元、所增加的成本及費用 15.91 萬元的訴訟請求，有相應的證據支持，符合法律規定，該院予以支持……包頭市供水總公司提出產值損失 272.84 萬元及因啟動應急預案而支出的費用 15.91 萬元，並對其提出的損失提供了相應的證據，上訴人也未能舉出有效的反駁證據，且未在舉證期限內提出鑒定申請，因此對被上訴人的損失數額，本院予以確認。」

25　于飛：《違背善良風俗故意致人損害與純粹經濟損失保護》，載《法學研究》2012 年第 4 期。

26　黃薇：《中國人民共和國民法典侵權責任編釋義》，第 3 頁。

不承擔因果關係的證明責任。只有環境污染受害者提供了初步證據證明損害結果和污染行為之間具有關聯性，證明不存在因果關係的責任才轉移給行為人。[27] 即便如此，基因污染的受害者仍面臨障礙。

客觀事實上的因果關係需要借助科學技術知識予以識別。這種科學知識不是指專業人員的認知，更多地指向非專業人員，比如種植轉基因作物的農民。2021 年第七次全國人口普查統計顯示，中國總人口為 1411778724 人，居住在城鎮的人口為 901991162 人，佔63.89%；居住在鄉村的人口為 509787562 人，佔 36.11%。[28] 第三次全國國土調查顯示，全國耕地為 12786.19 萬公頃（191792.79 萬畝），[29] 人均耕地從從 1996 年的 1.59 畝降至 2021 年的 1.36 畝，不足世界平均水平 3.38 畝的一半。人口增長和城鎮化進程將使得人均耕地進一步下降。全國人口中，擁有大學（指大專及以上）文化程度的人口為 218360767 人；擁有高中（含中專）文化程度的人口為 213005258人；擁有初中文化程度的人口為 487163489 人；擁有小學文化程度的人口為 349658828 人（以上各種受教育程度的人包括各類學校的畢業生、肄業生和在校生）。[30] 相比城鎮居民，農村居民受教育水平更低。長期以來，我國農業作物選種和培育工作多來自經驗知識。我國的農業仍屬小規模、勞動力密集型產業，農民的知識水平相對有限。轉基因技術屬前沿技術，科學技術人員對其認識仍在不斷深化，遑論非專業人員。在此技術背景下，農業活動 —— 特別是種子的培育和繁殖成為一項精細的科學實驗，超出了一般農民的認知範疇。加之種子商品化後，種子通過多個渠道銷售、流通，農民可能有意或無意獲得轉基因種子。此時，如果發生轉基因生物造成損害的情形，由於因果關係鏈條很長且涉及多個主體，受害人難以證明那個主體造成的損害。此外，侵權責任的認定和量化並非完全的科學判斷，經常伴隨有社會政策考量，尤其在因果關係的認定上。換言之，法律上的「因果關係」概念不是一種自在的性質，不是本質主義的，而是一種社會和法律制度的建構，其中隱含的是一系列特定的社會公共政策判斷或價值判斷。[31] 侵權責任方面，社會政策或者價值取向對於因果關係的判斷存在重要影響。

---

27 《最高人民法院關於審理環境侵權責任糾紛案件適用法律若干問題的解釋》（2020 年修正）第 7 條。

28 《第七次全國人口普查公報》。

29 《第三次全國國土調查主要數據公報》。

30 《第七次全國人口普查公報》。

31 蘇力：《司法解釋、公共政策和最高法院：從最高法院有關「姦淫幼女」的司法解釋切入》，載《法學》2003 年第 8 期。

四、高度危險責任與基因污染所致損害賠償

　　工業革命以來的科學技術進步和社會經濟發展，大大釋放了生產力，也帶來諸多高度危險活動。為了保障生命健康和財產安全，各國紛紛在立法中規定高度危險責任。1986 年《民法通則》第 123 條對高度危險責任作一般規定，其後《鐵路法》、《民用航空法》等法律明確相應的高度危險行為的民事責任。2010 年《侵權責任法》不但沿襲了《民法通則》的一般規定，還列舉了民用核設施、民用航空器、佔有或者使用易燃、易爆、劇毒、放射性等高度危險物、從事高空、高壓、地下挖掘活動或者使用高速軌道運輸工具等常見的高度危險作業的民事責任。[32]《民法典》延續了《侵權責任法》的規定。問題在於，基因污染所致損害賠償能否納入高度危險責任範圍？換言之，轉基因操作是否屬高度危險作業？

　　第一，《民法典》第 1239 條指出，「易燃、易爆、劇毒、高放射性、強腐蝕性、高致病性等高度危險物」。易燃、易爆、劇毒、高放射性、強腐蝕性、高致病性等高度危險物，往往存在相應的標準，是一個相對封閉的概念。如根據《危險貨物分類和品名編號》，具有爆炸、易燃、毒害、感染、腐蝕、放射性等危險特性，在運輸、儲存、生產、經營、使用和處置中，容易造成人身傷亡、財產損毀或環境污染而需要特別防護的物質和物品。從這個意義上講，轉基因生物不屬易燃、易爆、劇毒、高放射性等高度危險物。

　　第二，接下來需要考察的是，基因污染是否可以適用《民法典》高度危險責任的一般條款。比較法上，歐盟《關於預防和補救環境損害的環境責任指令》適用於指令附件 3 所列舉的專業活動所造成的環境損害。附件 3 列舉的專業活動包括故意向環境中釋放、運輸和在市場上投放歐洲議會和歐洲理事會第 2001/18/EC 號指令所規定的的轉基因生物。1993 年《關於危害環境的活動造成損害的民事責任的洛迦諾公約》亦將「生產、種植、處置、儲存、使用、破壞、處理、排放或者處理一個或多個轉基因生物或微生物的活動」視為「危險活動」。

32　在起草《民法典》高度危險責任時，立法者討論是否需要規定高度危險責任的一般條款。對此，有的意見認為，我國目前已經有了一些關於高度危險作業的單行法，今後可以通過修改現行法律和制定新的法律，對具體的高度危險責任加以規定，對一時難以通過單行法規範的高度危險行為，可以在本章分別作出有針對性規定，因此，不需要規定高度危險責任的一般規定。而有些人則認為，高度危險作業的範圍和其本身的危險性，是隨著科學技術的發展變化而不斷發展變化的，通過單行法和侵權責任法對具體高度危險行為的侵權責任進行規定，難以適應社會的發展。因此，應對借鑒《民法通則》第 123 條的做法，對高度危險責任的一般性規定。黃薇：《中國人民共和國民法典侵權責任編釋義》，第 209 頁。

　　在我國，判定高度危險作業，應該考慮損害的嚴重性、損害後果的可控性、作業的異常性、作業的社會價值。[33] 基因漂移是自然現象，這可能導致轉基因生物危險屬性被遮蔽。在世界貿易組織生物技術爭端中，美國等援引《國際植物檢疫措施標準》的「害蟲（pest）」定義力主有害物種均是 SPS 協定中的害蟲（pest）；歐共體則主張害蟲必須是損害植物的活生物體。專家組認為，從 SPS 協定附件 A（1）腳注看，害蟲不僅包括動物，也包括植物；從附件 A（1）（a）的「生命或健康」用詞看，害蟲包括造成危害生命的破壞性影響的動植物；也包括造成對動植物和人類健康產生有害影響的動植物，還包括造成其他損害的動植物。如果轉基因植物由於無意的基因漂移等出現在不需要的地方，構成害蟲。不過，高度危險往往限於《民法典》明確列舉的活動或物質。[34] 而且，基因操作是否完全不同於傳統操作則是非常有爭議的話題，能否將釋放轉基因作物納入高度危險責任不無疑問。[35]

33　王利明：《論高度危險責任一般條款的適用》，載《中國法學》2010 年第 5 期。

34　竇曉陽：《侵權責任法中「高度危險」的判斷》，載《法學家》2015 年第 2 期。

35　有關有毒有害物質的解釋說明了這一問題的複雜性。《民法典》、《環境保護法》和《海洋環境保護法》等多部法律法規使用了「有毒有害」術語。遺憾的是，這些法律法規沒有界定何為有害物質。目前可查的只有環境保護部 2005 年的《重點企業清潔生產審核程序的規定》（環發〔2005〕151 號）規定，「有毒有害物質是指被列入《危險貨物品名表》（GB12268）、《危險化學品名錄》、《國家危險廢物名錄》和《劇毒化學品目錄》中的劇毒、強腐蝕性、強刺激性、放射性（不包括核電設施和軍工核設施）、致癌、致畸等物質」。需要注意的是，這一規定的目的是規範有序地開展全國重點企業清潔生產審核工作，法律依據是《清潔生產促進法》。其他法律中的有害物質概念與環境保護部的上述規定不一致。《海洋環境保護法》第 62 條規定，「在中華人民共和國管轄海域，任何船舶及相關作業不得違反本法規定向海洋排放污染物、廢棄物和壓載水、船舶垃圾及其他有害物質」。有害物質與污染物和船舶垃圾並列。《民法典》第 294 條使用「大氣污染物、水污染物、噪聲、光、電磁波輻射等有害物質」，其中噪聲和光也並非劇毒、強腐蝕性、強刺激性和放射性、致癌、致畸物質。

第四節　許可上市後的基因污染

基因污染的主要途徑是通過風媒或蟲媒進行的基因漂移。前已述及，基因漂移發生在鄰近的區域。現代物權法上，所謂相鄰土地不需要地理上緊密相連，而應結合損害後果判斷雙方可否構成相鄰關係。[36] 從這個意義上講，基因污染屬法律上的相鄰關係。

一、相鄰污染的案由歸入

我國《民法典》第 294 條借鑒了《德國民法典》和《日本民法典》中的「不可量物侵入」條款。不過，《民法典》第 294 條不僅包括「噪聲、光輻射、電磁輻射」等傳統不可量物污染，也包括「大氣污染物、水污染物」等現代環境污染中的可量物，擴大了傳統不可量物侵入條款的調整對象。[37] 由此，相鄰環境糾紛具有相鄰關係和環境糾紛的雙重屬性，可被納入相鄰污染侵害糾紛和環境污染責任糾紛案由之下。但是，兩個案由在責任主體、歸責原則和舉證責任分配上存在差異。（1）責任主體不同。相鄰污染侵害糾紛的主體是不動產權利人，環境污染責任糾紛的主體是污染者。在盧文強等與北海市老城區文化旅遊投資有限公司等噪聲責任糾紛中，廣西壯族自治區北海市中級人民法院指出，「本案屬噪聲污染責任糾紛，被告應為造成噪聲污染者。上訴人以被上訴人在涉案房屋非法設立酒吧排放噪音對其造成損害為由提起本案訴訟。雖然被上訴人是涉案房屋的產權人，但被上訴人提供了房屋租賃合同，證明房屋已出租給他人」。[38]（2）歸責原則不同。從《侵權責任法》到《民法典》，環境污染責任均為特殊侵權責任，適用無過錯責任原則，相反，相鄰污染侵害糾紛多被視為一般侵權糾紛，適用過錯責任。《民法典》第 294 條之「違反國家規定」反映了相鄰關係

第五章　基因污染受害者的請求權

36　【德】曼弗雷德·沃爾夫著，吳越、李大雪譯：《物權法》（北京：法律出版社 2002 年版），第 171 頁。

37　全國人大常委會法制工作委員會民法室：《〈中華人民共和國物權法〉條文說明、立法理由及相關規定》（北京：北京大學出版社 2007 年版），第 155 頁。

38　盧文強等與北海市老城區文化旅遊投資有限公司等噪聲責任糾紛中，廣西壯族自治區北海市中級人民法院（2013）北立民終字第 12 號。

的過錯原則。（3）舉證分配責任不同。對於環境污染責任糾紛，《民法典》第 1230 條規定，「因污染環境、破壞生態發生糾紛，行為人應當就法律規定的不承擔責任或者減輕責任的情形及其行為與損害之間不存在因果關係承擔舉證責任」。而相鄰污染侵害糾紛屬物權糾紛，適用「誰主張、誰舉證」的舉證責任分配。

二、相鄰污染糾紛的裁判實踐

在《民法典》通過前，相鄰污染糾紛究竟適用《物權法》第 90 條還是《侵權責任法》環境污染責任，有很多討論。[39]《民法典》直接納入《侵權責任法》和《物權法》之規定。上述問題繼續存在。最高人民法院 2008 年 2 月 4 日頒佈《民事案件案由規定》，明確規定「相鄰污染侵害糾紛」和「環境污染侵權糾紛」。[40] 為了對照考察司法實踐關於相鄰環境糾紛的案由歸入，本文的裁判文書樣本覆蓋時間為 2008 年 2 月 4 日至 2020 年 12 月 27 日。

由於《民事案件案由規定》設有「相鄰污染侵害糾紛」案由，關於相鄰環境糾紛的實證研究多以「相鄰污染侵害糾紛」為標題或關鍵詞進行檢索。然而，影響具體糾紛案由歸入和法律適用的因素非常多，如果僅僅觀察「相鄰污染侵害糾紛」的單一組數據，無法研究和驗證影響法院案由歸入和法律適用的變量。考慮到相鄰環境糾紛兼具相鄰關係和環境污染的兩重屬性，法院可能將糾紛歸入相鄰污染侵害糾紛或者環境污染責任糾紛。把「相鄰污染侵害糾紛」和「環境污染責任糾紛」分別作為實驗組和對照組，比較法院在不同組的選擇，可以更好地分析影響案由歸入和法律適用的變量。為此，本文在北大法寶和中國裁判文書網以「相鄰污染侵害糾紛」進行案由檢索；以「環境污染責任糾紛」為案由 +「相鄰」的全文檢索，得到 908 份裁判文書。剔除重複重現的裁判文書、管轄權或撤訴等民事裁定，具有統計意義的實體裁判文書有 668 份。為保證樣本分析的一致性，同一相鄰環境糾紛的一審、二審或再審，以最終裁判文書為準。

39　參見李雲波：《不可量物侵害的私法調整》，復旦大學 2011 年度博士論文；石珍：《不可量物侵入之補償請求權的法律構建：以相鄰關係視域下《物權法》第 90 條的修正為視角》，載《上海政法學院學報》2012 年第 1 期；張敏純：《論相鄰污染侵害糾紛的法律適用：以《物權法》第 90 條為中心》，載《政治與法律》2013 年第 10 期；鄭曉劍、邱鷺風：《不可量物侵害制度比較研究》，載《西南政法大學學報》2009 年第 6 期；焦富民：《環境保護相鄰權制度之體系解釋與司法適用》，載《法學》2013 年第 11 期。

40　2011 年《民事案件案由規定》順應《侵權責任法》之規定，將「環境污染侵權糾紛」調整為「環境污染責任糾紛」，但類型大致相同。2020 年《民事案件案由規定》沒有改變這一案由分類。

第一，時間。最高人民法院 2008 年 2 月 4 日頒佈《民事案件案由規定》。為了對照考察關於相鄰環境糾紛案由歸入的司法實踐，本文的樣本裁判文書覆蓋時間為 2008 年 2 月 4 日至 2020 年 12 月 27 日。2011 年之前的裁判文書非常少（2008-2010 年間的裁判文書數量佔總量 3%），這與最高人民法院修改《民事案件案由規定》的時間節點大體一致。此後，每年的裁判文書數量大幅增長。這可能是因為北大法寶和裁判文書網收錄的判決整體上逐年增多，而不是因為法院處理的相鄰環境糾紛越來越多。

第二，地域。樣本裁判文書覆蓋除西藏、香港、澳門和台灣外的所有省、自治區和直轄市。具體來講，黑龍江省（8 例）、吉林省（65 例）、遼寧省（46 例）、河北省（17 例）、河南省（50 例）、山東省（26 例）、山西省（7 例）、安徽省（27 例）、江西省（3 例）、江蘇省（45 例）、浙江省（21 例）、福建省（7 例）、廣東省（33 例）、湖南省（35 例）、湖北省（28 例）、海南省（6 例）、雲南省（6 例）、貴州省（6 例）、四川省（20 例）、青海省（4 例）、甘肅省（5 例）、陝西省（24 例）、內蒙古自治區（6 例）、新疆維吾爾自治區（11 例）、廣西壯族自治區（33 例）、寧夏回族自治區（1 例）、北京市（21 例）、天津市（8 例）、上海市（25 例）、重慶市（33 例）。由此可見，樣本覆蓋全國絕大部分地區，具有一定的代表性。

第三，法院層級與審理程序。樣本裁判文書沒有出現最高人民法院，主要集中在基層人民法院和中級人民法院。考慮到原告撤訴案件的數量，基層人民法院受理的相鄰環境糾紛數量明顯超過中級人民法院。這與通常認為的「法院層級越高、判決數量越少」的判斷基本一致。由於民事案件多以標的金額為確定級別管轄基準，相鄰環境糾紛的一審法院幾乎都是基層人民法院。在樣本裁判文書中，348 份是一審，佔比為 52%；293 份是二審上訴程序，佔比 42.8%；進入再審的有 27 份，佔比為 4%。一審程序中，適用簡易程序的有 143 例，佔比為 41.4%；適用普通程序的有 205 例，佔比為 58.9%。這與大部分相鄰環境糾紛事實清楚、權利義務關係明確的特點有關。

三、相鄰污染糾紛案由歸入的影響因素

相鄰環境糾紛中法院對案由的界定直接影響到法律適用和裁判結果。哪些因素影響相鄰環境糾紛的案由歸入呢？本文運用統計軟件 SPSS20 進行二項 Logistic 回歸分析。本項分析主要考察法院歸入案由的影響因素，二分類因變量分為相鄰污染侵害糾紛和環境污染責任糾

紛,案件被認定為相鄰污染侵害糾紛的標記為 0,被認定為環境污染
責任糾紛的標記為 1。案件中的被告身份(自然人、非自然人)、污染
發生地(農村、城市)、污染類型(水污染、大氣污染、噪聲污染、
電磁輻射和其他污染)和侵害對象(財產、人身)等作為自變量。根
據 Pearson 卡方檢驗,Sig 值為 0.000,說明因變量(案由)與自變量
被告身份、污染發生地、污染類型和侵害對象間存在相關性。

　　二元回歸分析結果顯示,糾紛中的被告身份與案由歸入顯著相關
(Sig=0.000),但 B 值為負數,說明被告身份與案由歸入存在負相關,
即如果被告身份為非自然人,被歸入相鄰污染侵害糾紛案由的糾紛減
少。對被告身份與案由歸入的分析發現,被告為自然人的相鄰環境糾
紛中,62.6% 被認定為相鄰污染侵害糾紛,37.4% 被認定為環境污染
責任糾紛;被告為非自然人的糾紛中,78% 被認定為環境污染責任糾
紛,22% 被認定為相鄰污染侵害糾紛。另一方面,糾紛中的污染發生
地、污染類型和侵害對象則與案由歸入存在正相關。發生於農村的相
鄰環境糾紛中,30% 被歸入相鄰污染侵害糾紛,70% 被歸入環境污染
責任糾紛;發生於城市中的相鄰環境糾紛中,50% 被歸入相鄰污染侵
害糾紛,50% 被歸入環境污染責任糾紛(見表 5.2)。

表 5.2　方程中的變量

		B	S.E,	Wals	df	Sig.	Exp (B)
步驟 1a	被告身份(1)	-4.314	0.671	41.328	1	0.000	0.013
	污染發生地(1)	1.114	0.251	19.782	1	0.000	3.047
	污染類型			18.639	4	0.001	
	污染類型(1)	0.379	0.411	0.851	1	0.356	1.461
	污染類型(2)	0.775	0.412	3.535	1	0.060	2.170
	污染類型(3)	-0.006	0.429	0.000	1	0.989	0.994
	污染類型(4)	3.060	1.047	8.535	1	0.003	21.321
	許可與否(1)	1.917	0.283	45.739	1	0.000	6.802
	侵害對象			58.334	2	0.000	
	侵害對象(1)	3.938	0.521	57.104	1	0.000	51.308
	侵害對象(2)	2.844	0.481	35.007	1	0.000	17.182

a. 在步驟 1 中輸入的變量:被告身份,污染發生地,污染類型,許可與否,
侵害對象。

　　實證分析反映司法實踐與立法起草者意圖間的不一致、司法實踐間的差異。首先，相鄰環境糾紛案由歸入的司法實踐與立法起草者意圖不一致。在立法起草者看來，從侵權糾紛角度研究環境污染責任，首先根據不同的污染源，適用不同的歸責原則，居民之間生活污染適用過錯責任，主要由《物權法》規定的相鄰關係解決，不受本章調整；而企業生產污染等污染環境的適用無過錯責任，主要由《侵權責任法》、《環境保護法》、《大氣污染防治法》、《水污染防治法》等相關法律調整。[41] 司法實踐未完全遵循立法起草者這一區分思路。樣本裁判文書中，88 件相鄰環境污染侵害糾紛的被告是非自然人，佔相鄰環境侵害糾紛總數的 34.4%；100 件環境污染責任糾紛的被告是自然人，佔環境污染責任糾紛綜述的 24.3%。在胡象謀與武漢銀河生態農業有限公司相鄰污染侵害糾紛中，武漢銀河生態農業有限公司排放的沼液進入胡象謀承包的魚塘，導致魚兒死亡。一審法院將案由定性為環境污染侵權糾紛，二審法院將其調整為相鄰污染侵害糾紛。[42] 其次，相鄰環境糾紛案由歸入的司法實踐差異較大。司法實踐中，法院將同一類型的案件歸入不同的案由，適用不同的法律，產生「類案不同判」的結果。步驟 1 顯示，對於企業生產經營過程中產生的電磁輻射、噪聲污染、水污染、大氣污染，有的法院將其歸入「相鄰污染侵害糾紛」，駁回原告的訴訟請求；有的將其歸入「環境污染責任糾紛」，支持原告的訴訟請求。余水義與富陽市天地生態休閒農莊相鄰污染侵害糾紛案，一審法院富陽市人民法院認定本案為環境污染糾紛，適用舉證倒置。[43] 被告富陽市天地生態休閒農莊上訴，杭州市中級人民法院指出，「環境污染行為，是指工礦企業等單位在生產、生活中，向環境排放了超過環境自淨能力的物質或能量，導致環境質量下降，使人類生存環境受到一定程度危害的行為。本案中，天地農莊係餐飲企業非工礦企業……也獲得富陽污染物排放臨時許可證。現有證據未能證明天地農莊污水池中洩露和淨水池裡直接排入余水義苗圃中的水係超過環境自淨能力的物質……故，原審法院僅依據林業局工作人員的證明便認定天地農莊的排水行為是環境污染行為，並將環境污染舉證責任倒置的規定適用於本案，在事實認定和法律適用方面均屬不當，本院予以糾

41　王勝明主編：《中華人民共和國侵權責任法釋義》，第 325 頁。

42　胡象謀與武漢銀河生態農業有限公司相鄰污染侵害糾紛，（2015）鄂武漢中民二終字第 01399 號。

43　余水義與富陽市天地生態休閒農莊相鄰污染侵害糾紛案，（2012）杭富民初字第 1563 號。

正」。[44] 浙江省高級人民法院對此予以確認，駁回被告的再審申請。[45]

四、案由歸入偏差的原因

第一，相鄰環境糾紛自身的特點。形式上，不可量物侵入與環境污染存在明顯的重合與交叉。噪聲妨害既構成不可量物侵入，也可能構成環境污染。相鄰關係已經從不動產土地與土地平面的直接相連發展到土地或建築物在立體空間上的相連接，特別是近現代高層建築的發展演變出更為複雜的各區分所有權之間的相鄰關係，隨之而來的現代的許多不可量物侵害已經突破了地域性的限制。[46] 現代物權法上，所謂相鄰土地不需要地理上緊密相連，而應結合損害後果判斷雙方可否構成相鄰關係。[47] 鄰居的定義越寬，環境法與調整相鄰關係法之間越接近。[48]

第二，《民法典》延續《物權法》之規定，擴張了「不可量物侵入」的範圍。《民法典》第 294 條借鑒了《德國民法典》和《日本民法典》中的「不可量物侵入」條款。不過，該條不僅包括「噪聲、光輻射、電磁輻射」等傳統不可量物污染，也包括「大氣污染物、水污染物、固體廢物」等現代環境污染中的可量物，擴大了傳統不可量物侵入條款的調整對象。[49] 水污染、大氣污染和固體廢物不僅被《侵權責任法》涵攝，也處在相鄰關係的射程之中。而且，《民法典》第 294 條使用了「違反國家規定」字眼，卻沒有明確救濟方式。結果，《民法典》第 294 條被解釋為「行為規範」或「引致性條款」。[50] 如果將「違反國家規定」解釋為相鄰污染侵害糾紛適用過錯責任，由於環境污染責任糾紛適用無過錯責任，結果，當事人更願意選擇環境污染責任糾紛之案由，導致《民法典》第 294 條被虛置。如果將「違反國家規定」解

---

44 余水義與富陽市天地生態休閒農莊相鄰污染侵害糾紛案，（2014）浙杭民終字第 1712 號。

45 富陽市天地生態休閒農莊訴余水義相鄰污染侵害糾紛案，（2015）浙民申字第 382 號。

46 楊立新：《類型侵權行為法研究》（北京：人民法院出版社 2006 年版），第 717-719 頁。

47 【德】曼弗雷德‧沃爾夫著，吳越、李大雪譯：《物權法》，第 171 頁。

48 【德】克里斯蒂安‧馮‧巴爾著，張新寶譯：《歐洲比較侵權行為法》（上卷）（北京：法律出版社 2004 年版），第 655 頁。

49 全國人大常委會法制工作委員會民法室：《〈中華人民共和國物權法〉條文說明、立法理由及相關規定》，第 155 頁。

50 參見李雲波：《不可量物侵害的私法調整》，復旦大學 2011 年度博士論文；石珍：《不可量物侵入之補償請求權的法律構建：以相鄰關係視域下《物權法》第 90 條的修正為視角》，載《上海政法學院學報》2012 年第 1 期；張敏純：《論相鄰污染侵害糾紛的法律適用：以《物權法》第 90 條為中心》，載《政治與法律》2013 年第 10 期；鄭曉劍、邱鷺風：《不可量物侵害制度比較研究》，載《西南政法大學學報》2009 年第 6 期；焦富民：《環境保護相鄰權制度之體系解釋與司法適用》，載《法學》2013 年第 11 期。

釋為與環境污染一樣適用無過錯責任，該條款存在的意義又大打折扣。

第三，區分相鄰污染侵害糾紛與環境污染糾紛標準的不科學性。為了解決相鄰污染侵害糾紛與環境污染糾紛的紛爭，立法起草者提出了「居民生活污染」和「企業生產污染」的區分標準。但這一區分標準存在明顯缺陷：（1）以污染源為界分標準乃工業文明早期之遺跡。19 世紀工業大革命爆發，大規模工業生產廣泛出現。彼時，社會對於工業生產的認知和接受程度不高，工業生產被視為不正常的活動，區別於日常生活。1850 年左右，德國法院都仇視工業活動，將出於工業目的使用土地視為不正常活動。因此，從事工業活動之人得停止經營或者支付賠償。[51] 此後，由於工業活動日益深入，德國最高法院開始傾向於支持工業使用，也不再區分生活污染與生產污染。（2）區別主體身份存在加重工商企業的不可量物侵害責任的傾向，違反了民法上的平等對待原則，對於工商營業是不公平的，也不利於通過法律控制工商營業範圍外的私人以及其他組織的環境污染行為。[52]（3）「居民生活污染」和「企業生產污染」區分相鄰污染侵害糾紛和環境污染責任糾紛，疏漏「居民生產污染」這一糾紛形態，導致法院對這一糾紛形態的處理也立場各異。[53] 有的法院將副食品店冷庫設備引發的噪聲糾紛、居民從事規模養殖造成的大氣污染糾紛定性為相鄰污染侵害糾紛[54]，有的法院則將居民加工鋼材引發的噪聲糾紛、居民從事規模養殖造成的損失糾紛定性為環境污染責任糾紛。[55]

第四，司法機關向一般法律原則的逃逸。《民法通則》第 83 條規定，「不動產的相鄰各方，應當按照有利生產、方便生活、團結互助、公平合理的精神，正確處理截水、排水、通行、通風、採光等方面的相鄰關係。給相鄰方造成妨礙或者損失的，應當停止侵害，排除妨礙，賠償損失」。《物權法》第 84 條照搬了《民法通則》第 83 條，僅僅刪除了「給相鄰方造成妨礙或者損失的，應當停止侵害，排除妨礙，賠償損失」。雖然《物權法》第 85-90 條規定了具體相鄰關係糾紛的處理，但具體規則不明且無法直接適用，導致審判向一般原則逃

51　James Gordley, *The Development of Liability between Neighbours* (New York: Cambridge University Press, 2010).

52　張平華：《不可量物侵權的私法救濟》，載《法學雜誌》2006 年第 11 期。

53　如果立法起草者將「居民生產污染」納入其中，又會出現另外一個問題──為什麼企業生產污染適用《侵權責任法》，但居民生產污染不適用《侵權責任法》。

54　洪威靜與邵紅流等相鄰污染侵害糾紛，（2010）浙甬民二終字第 402 號。

55　荊某與姜某噪聲污染責任糾紛上訴案，（2012）烏中民一終字第 732 號。

逸和通過一般原則消解具體規則法律效力。[56] 在所統計的裁判文書中，法院很多情況下都單獨適用《民法通則》第 83 條、《物權法》第 84 條或者合併適用《民法通則》第 83 條、《物權法》第 84 條和具體規定。

五、許可上市後基因污染受害者請求權

《民法典》第 294 條基本沿用了《物權法》第 90 條，增加了「土壤污染物」，並將「光、電磁波輻射」修改為「光輻射、電磁輻射」。《民法典》第 296 條刪除了《物權法》第 92 條「造成損害的，應當給予賠償」。不過，規範意旨和體系解釋考察，《民法典》第 294 條和其他法律條款共同建立起多層次的不可量物請求權體系，包括妨害排除請求權和妨害防止請求權、損害賠償請求權和補償請求權。[57] 這些請求權的核心在於容忍義務。而且，妨害程度是容忍義務考量的首要因素，如果只是造成了輕微妨害，負有容忍義務，不能阻止排放不可量物且不能主張損害賠償和補償。造成重大妨害時，需根據當地慣常通行做法和採取防範措施的技術可行性和經濟成本，判斷是否可以阻止排放不可量物。如果不符合當地通行做法或者可以採取非常經濟的防範措施，沒有容忍義務，可以根據《民法典》第 236 條排除妨害；造成損失的，還可以同時依據《民法典》第 238 條主張損害賠償。如果符合當地通行做法且無法採取經濟技術上可行的防範措施，受害者雖然不能主張排除妨害，但是可以要求補償。上述請求權體系適用於許可上市的轉基因作物基因污染。

第一，妨害防止請求權。所有權被以剝奪或者扣留佔有以外的其他方式侵害的，所有權人可以向妨害人請求除去妨害。所有權有繼續受妨害之虞的，所有人可以提起停止妨害之訴。理論上，基因污染受害者可以行使妨害排除請求權和妨害防止請求權。妨害排除請求權針對已經發生的妨害，妨害防止針對將來發生的妨害。發生基因污染後，要求相對人除去與轉基因作物混合或已經交叉授粉的作物所受之污染，乃是一個大問題。蓋已遭混合的作物若欲將其一一分離，雖非不可能，但所耗費的人力或金錢甚巨，不合比例，又就已經交叉授粉的作物，其所生長的作物既為轉基因作物，要除去當中的轉基因成分

---

56 參見屈茂輝、章小兵：《我國相鄰關係解決模式的變遷與發展》，載《湖北社會科學》2015 年第 3 期。

57 闕占文：《轉基因作物基因污染受害者的請求權》，載《法學研究》2015 年第 6 期。

似乎不可能。[58] 因此，實踐中可行的救濟方式應該是妨害防止請求權。妨害防止請求權並非是「全無或全有」式的救濟。相鄰不動產權利人有權請求轉基因作物的種植者採取預防性措施，將妨害降低到容忍限度內。

第二，損害賠償請求權。基因污染是遺傳信息不受控制地進入生物基因組中，侵害相鄰不動產權利人對其土地或作物的權利。[59] 此種以佔有以外方式侵害物權所產生的損害賠償，適用《民法典》第 238 條或侵權責任編之規定。相比試驗階段的轉基因作物基因污染，許可上市後的轉基因作物帶來的潛在風險比較低，不應納入高度危險活動範疇，《民法典》關於高度危險責任的一般條款無法適用。許可上市後的基因污染性質上屬一般侵權行為，適用過錯責任。《農業轉基因生物安全管理條例》明確在標識目錄範圍內的農業轉基因生物需要標識，不論轉基因成分含量多少。[60] 沒有在標識目錄範圍內的農業轉基因生物，實行自願標識原則。如果經許可上市的轉基因作物發生基因污染，導致非轉基因作物及其產品被納入需要強制性標識的目錄範圍，或者導致非轉基因作物及其產品無法繼續使用原有的認證或標識，此種情形構成重大妨害。如果這不符合當地通行做法且沒有採取可行的防控措施，受害者沒有容忍義務，可主張一般侵權行為的損害賠償請求權。

第三，補償請求權。如果行為人造成重大妨害，但此種妨害構成當地通行做法，受害人有容忍義務。但是為了平衡不動產相鄰各方的利益，相鄰人應補償鄰人遭受的損失，從而產生容忍義務與補償請求權相對應的局面。[61] 如轉基因棉花雖然被納入標識管理目錄，但已經被普遍採用，成為通行做法。只要轉基因棉花種植者遵守種植規範，受害者就負有容忍義務，不得請求妨害排除或者妨害防止，但享有補償請求權。[62]

第五章　基因污染受害者的請求權

58　徐千雅：《基因改造產品民事責任之探討：以基因改造作物所致之基因污染及基因改造食品為核心》，台灣輔仁大學碩士論文。

59　闕占文：《轉基因作物基因污染受害者的請求權》，載《法學研究》2015 年第 6 期。

60　關於我國現有轉基因食品標識制度的批判，可參見闕占文：《食品標識中的轉基因信息披露：以商業言論為視角》，載《政法論叢》2017 年第 5 期。

61　王利明：《論相鄰關係中的容忍義務》，載《社會科學研究》2020 年第 4 期。

62　闕占文：《轉基因作物基因污染受害者的請求權》，載《法學研究》2015 年第 6 期。

第六章

基因污染與
轉基因知識
產權保護

　　植物品種不屬可以獲得專利權的主題，發明者無法為基因修飾後的轉基因作物申請專利權。然而，轉基因作物及其繁殖材料仍然可以通過基因專利或者方法專利等途徑獲得專利保護。植物是高級生命形式之一，其繁殖特性使轉基因作物專利侵權呈現不同的面相，給發軔於工業時代的專利制度提出了挑戰。其中一個備受關注的問題是轉基因作物及其繁殖材料「意外出現（adventitious presence）」在無辜旁觀者（innocent bystander）財產中。這種情況下，無辜旁觀者是否侵犯專利權？可否對抗專利權人的請求權？自 1998 年 *Monsanto Can. Inc. v. Schmeiser* 案後，「無辜旁觀者」侵權成為基因技術領域的一個重要問題，受到國外理論界和實務界的高度關注，但內地鮮見相關研究。我國目前尚未發生「無辜旁觀者」專利侵權訴訟，但轉基因專利侵權訴訟已開始出現。[1]

1　如創世紀種業有限公司與山東聖豐種業科技有限公司專利權侵權糾紛，（2012）濟民三初字第 144 號；創××轉基因技術有限公司與湖北××農業集團有限公司侵害發明專利權糾紛案，（2012）鄂武漢中知初字第 01491 號；創世紀轉基因技術有限公司與河北冀農種業有限責任公司、滄州市農林科學院侵害發明專利權糾紛上訴案，（2012）冀民三終字第 135 號。

第一節　無辜旁觀者被訴侵權

　　植物的花粉通過不同的媒介傳播到另一植物或同一植物的另一個品種的雌蕊上並對其授粉，從而使其後代不僅具有母本的遺傳特徵，而且也具有父本的遺傳特徵。[1] 在實驗狀態下，科研人員為了獲得預期性狀有目的地、主動控制花粉介導。與此形成鮮明對比的是，自然界的花粉漂移是隨機的。花粉或種子可能隨風力、昆蟲、鳥類等方式擴散。由於生產轉基因作物的方法和體現這些方法的基因、細胞都可以獲得專利。當轉基因作物的花粉非人為原因傳播時，受專利保護的基因和細胞進入非轉基因作物品種和野生近緣種。根據專利法，未經專利權人許可，不得為生產經營目的製造、使用、許諾銷售、銷售、進口其專利產品，或者使用其專利方法以及使用、許諾銷售、銷售、進口依照該專利方法直接獲得的產品。「製造」和「使用」的普通理解是，製造者或使用者採取某些積極的行為。[2] 轉基因作物及其繁殖材料意外出現的主要原因是產品的自身特性，而非行為之結果。沒有侵權行為，就沒有侵權責任。然而，轉基因作物及其繁殖材料的意外出現往往和未經許可製造、使用轉基因種子交織在一起，無辜旁觀者由此承擔侵權責任。下述兩種情形為無辜旁觀者被訴侵權的典型情景：

　　情景一：兩戶農民土地毗鄰。一戶農民在土地上種植了有機油菜，相鄰的農民種植了受專利保護的轉基因油菜。在油菜開花期間，轉基因油菜的花粉隨風媒、蟲媒進入到有機油菜中。結果，種植有機油菜的農民被指控未經許可種植受專利保護的轉基因油菜，侵犯專利，需要承擔侵權責任。

　　情景二：兩戶農民土地毗鄰。一戶農民在土地上種植了有機油菜，相鄰的農民種植了受專利保護的轉基因油菜。收割、運輸轉基因油菜種子期間，一些轉基因油菜種子進入種植非轉基因油菜的土地中，並在來年春發、生長。結果，種植有機油菜的農民被指控未經許

1　王建龍、文湘華編著：《現代環境生物技術》（第 3 版）（北京：清華大學出版社 2021 年版），第 2 頁。

2　Christopher M. Holman, "Bowman v. Monsanto Co.: A Bellwether for the Emerging Issue of Patentable Self-Replicating Technologies and Inadvertent Infringement", (2015) *Missouri Law Review* 80(3), p. 665, 722.

可種植受專利保護的轉基因油菜，侵犯專利，需要承擔侵權責任。

　　狀態上，無辜旁觀者侵權、善意侵權和故意侵權的外觀都表現為他人土地上出現轉基因作物。外觀上的相似不能遮蔽事實的本質差異。主觀上，無辜旁觀者侵權明顯不同於故意侵權。在美國和加拿大等地提起的轉基因專利侵權訴訟中，大部分被告承認係明知孟山都公司享有專利權，仍作出保存、種植轉基因種子的行為。[3] 明知故犯，故意侵權之情形昭然若揭，要求故意侵權人承擔責任符合「有過錯、有責任」的道德評價。無辜旁觀者侵權經常與善意侵權混淆在一起。的確，無辜旁觀者侵權和善意侵權可能是轉基因種子自然擴散的結果。無辜旁觀者與獨立發明人或善意銷售者一樣，主觀上不知道或不應當知道專利侵權。然而，區分無辜旁觀者、善意侵權人和故意侵權人的關鍵在於——善意侵權人或故意侵權人有意識地使用了專利產品，無辜旁觀者沒有使用專利產品的行為。簡言之，無辜旁觀者侵權是專利產品「不請自來」，無辜旁觀者沒有侵權行為；善意侵權是他人不知專利產品之存在，使用專利；故意侵權則是明知存在專利產品，仍使用專利。不考察主觀狀態和客觀行為，只要他人土地上出現轉基因成分，就不加區分地要求承擔侵權責任，招致質疑和關切。

　　無辜旁觀者侵權問題被關注的另一個重要原因是——無辜旁觀者沒有從意外出現中獲益，還經常是受害者。無辜旁觀者可能是從事有機農業的農民，或者是從事傳統非轉基因農業的農民。以有機農業為例，根據有機作物種植規範，如果農場的有機生產區域有可能受到鄰近的常規生產區域污染的影響，則在有機和常規生產區域之間應當設置緩衝帶或物理障礙物，保證有機生產地塊不受污染，以防止臨近常規地塊的禁用物質的漂移。此外，農民必須在種子和種苗選擇、農場建設與管理、病蟲害防治等領域採取防護措施。各國有機認證標準一般將轉基因排除在有機農業之外。依據《有機產品認證管理辦法》，有機產品是指生產、加工和銷售符合中國有機產品國家標準的供人類消費、動物食用的產品。而《有機產品國家標準》嚴禁在有機生產體系或有機產品中引入或使用轉基因生物及其衍生物。若選擇有機農業的農民土地上出現轉基因作物，其將喪失有機認證資格，不能將其產

3　See e.g. *Monsanto v. Parr*, 545 F. Supp. 2d 836; *Monsanto v. Byrd*, 2000 U.S. Dist. LEXIS 22793; *Monsanto v. Dragan*, 2007 U.S. Dist. LEXIS 63889; *Monsanto v. Mayfield*, 2000 U.S. Dist. LEXIS 22386.

品標識為「有機」，從而遭受巨大經濟損失。[4]

　　沒有侵權行為，主觀上沒有侵權過錯，甚至沒有從中受益，卻要承擔侵權責任。這不符合侵權責任的構成邏輯，也不符合侵權法的價值取向。而且，這種規則是否與專利保護目標一致是存在問題的。專利保護旨在使專利權人有能力控制從其發明中獲益的人群。使沒有從專利技術中獲利且實際上可能遭受損害的無辜旁觀者承擔侵權責任，是否有利於這一目標的實現。[5]

表 6.1　轉基因作物的專利侵權類型

侵權類型	典型特徵	道德可責難性	受益與否
故意侵權	明知故犯，使用專利	高	是
善意侵權	主觀上沒有過錯，使用專利	中	不一定
意外出現	主觀上沒有過錯，沒有使用專利	低	不一定

4　研究顯示，由於前期投入和產量有限等原因，有機產品比非有機產品的價格超出 30% 左右。
　　See David W. Crowder, John P. Reganold, "Financial competitiveness of organic agriculture on a global
　　scale", (2015) *Proceedings of the National Academy of Sciences* 112(24), pp. 7611-7616.

5　Siddharth Khanijou, "Patent Inequity?: Rethinking the Application of Strict Liability to Patent Law in the
　　Nanotechnology Era", (2007) *Journal Technology Law & Policy* 12(2), p. 179.

第二節　無辜旁觀者是專利侵權人嗎？

當受專利保護的轉基因作物及其繁殖材料意外出現在無辜旁觀者財產中時，首先應該考察的是——無辜旁觀者已經滿足專利侵權的構成要件了嗎？專利中直接侵權的構成要件有四：一是權利人存在合法有效的專利；二是未經專利權人許可；三是實施侵犯專利的行為；四是以生產經營為目的。農民為了生產經營目的而種植非轉基因作物，此點較少爭議。已發生的轉基因專利侵權糾紛中，被控侵權人多主張專利無效或者沒有實施專利。

一、轉基因作物的專利保護

無辜旁觀者被訴侵權的原因在於轉基因作物是高級生命形式，能自我複製。有法官反對轉基因作物的專利保護。在 *J.E.M. Ag Supply, Inc. v. Pioneer Hi-Bred International, Inc.* 案中，美國聯邦最高法院斯蒂芬・布雷耶大法官在不同意見中指出，《植物專利法》和《植物品種保護法》的植物不應受到普通專利法的保護。[6] 還有法官主張限制專利的保護範圍。在 *Monsanto Can. Inc. v. Schmeiser* 案中，加拿大聯邦最高法院路易斯・阿布爾（Louise Arbour）法官撰寫不同意見，主張專利保護範圍僅僅限於按照隔離的實驗室方式存在的基因和細胞，不得擴及轉基因作物。雖然人類基因技術的可專利性存在巨大倫理爭議，但植物的專利保護已不斷得到立法者認可。

依據《專利法》第 25 條，植物品種不屬可以獲得專利權的主題。《專利審查指南》（2017）明確規定轉基因植物本身屬「植物品種」範疇，不能被授予專利權。因此，轉基因技術發明者無法為基因修飾後的作物及其繁殖材料申請專利權。不過，轉基因作物及其繁殖材料

6　*J.E.M. Ag Supply, Inc. v. Pioneer Hi-Bred Int' l, Inc.*, 534 U.S. 124, 145 (2001). 傳統上，植物被視為自然產物，不能獲得專利。美國國會 1930 年通過《植物專利法》，為植物培育者創造了類似專利的保護，但《植物專利法》僅僅適用於無性繁殖的植物。1970 年，美國國會通過《植物品種保護法》，旨在保護有性繁殖植物的育種者。《植物品種保護法》有兩個例外：研究例外和作物例外。由於《植物專利法》和《植物品種保護法》存在的保護力度不強等缺陷，植物培育者一直努力申請普通專利。

（如種子等）仍然可以通過以下途徑獲得專利保護。首先，有些植物基因、細胞等可獲得專利。根據《專利審查指南》（2017），可以借助光合作用，以水和二氧化碳等來維繫生存的植物的單個植株及其繁殖材料，屬「植物品種」的範疇，不能被授予專利權。可是，植物的細胞、組織和器官如果不具有上述特性，則不能被認為是「植物品種」。換言之，不具有「上述特性」的植物細胞、組織和器官可以被授予專利權。理論上和實務界對「上述特性」的理解存在分歧，但多認為有些植物細胞可以申請專利。[7] 實踐中，很多轉基因發明專利權利要求書中都將基因序列、啟動子、獲得基因的方法和導入這些基因的獲得物納入其中。其次，生產轉基因作物的方法，可以授予專利權。生產植物有生物和非生物方法，生產植物的非生物方法可以成為專利主題。轉基因作物及其繁殖材料是利用 DNA 重組技術等現代生物技術獲得，人的技術介入發揮主要作用，是非生物方法的產品。[8] 因此，雖然轉基因作物品種不能獲得專利，然而生產轉基因作物的方法具有可專利性。方法專利權的保護可以延伸至依照該方法直接獲得的產品，即轉基因種子。[9] 孟山都技術有限公司 2006 年「大豆事件 MON89788 和檢測它的方法」專利就包括本發明提供了包含轉化事件的大豆植物和種子，以及這些事件獨特的 DNA 分子。本發明還提供了檢測樣品中這些 DNA 分子的方法。

二、未經專利權人許可

專利許可包括明示許可和默示許可。專利權人通常以書面合同明確允許他人實施專利。作為專利權人的生物技術公司在推廣轉基因種子時多採取「雙重許可」模式。首先，專利權人與種子生產商簽訂許可合同，許可後者使用專利技術生產、銷售轉基因種子。在許可合同

7　張麗華、孫福永：《關於植物細胞是否屬植物品種的審查標準探討》，提升知識產權服務能力促進創新驅動發展戰略——2014 年中華全國專利代理人協會年會第五屆知識產權論壇優秀論文集。

8　根據 1993 年《基因工程安全管理辦法》，基因工程包括利用載體系統的重組體 DNA 技術，以及利用物理或者化學方法把異源 DNA 直接導入有機體的技術。但不包括下列遺傳操作：（1）細胞融合技術，原生質體融合技術；（2）傳統雜交繁殖技術；（3）誘變技術，體外受精技術，細胞培養或者胚胎培養技術。

9　參見闕占文：《自我複製技術與專利權用盡原則的適用：以轉基因種子為中心》，載《法學家》2015 年第 2 期。轉基因作物可以獲得專利保護，並不表明發明人不可申請新品種保護。專利保護和植物品種保護是兩種不同的知識產權制度，其構成要件和保護強度不相同。有些植物可能同時符合專利和新品種的授予條件，發明人可以自願選擇哪一種類型的保護，但不能同時獲得專利保護和新品種保護。

中，專利權人要求種子生產商銷售轉基因種子時必須與種植者簽訂技術協定。其次，當種植者從專利權人或者被許可人處獲得轉基因種子時，必須簽訂標準的限制性使用協定。[10] 轉基因作物意外出現在無辜旁觀者財產中，無辜旁觀者並未與專利權人簽訂許可合同，無法主張獲得專利權人明示許可。

默示許可通常指在一定情形之下，專利權人以其非明確許可的默示行為，讓被控侵權人（專利使用人）產生了允許使用專利的合理信賴從而成立的一種專利許可形態。[11] 考慮到轉基因作物的特性，默示許可也被解釋為保護無辜旁觀者的進路。但是，由我國專利法的語境觀之，默示許可無法成為無辜旁觀者的防火牆。首先，立法和實踐限制默示許可的適用。由於立法未明確專利默示許可，法院和行政機關在一些實踐中接受某些類型的默示許可。2008 年 7 月 8 日，《最高人民法院關於朝陽興諾公司按照建設部頒發的行業標準〈複合載體夯擴樁設計規程〉設計、施工而實施標準中專利的行為是否構成侵犯專利權問題的函》（〔2008〕民三他字第 4 號）明確承認標準中的默示許可制度。國家知識產權局 2015 年公佈的《專利法修改草案（徵求意見稿）》第 82 條肯定了司法實踐中的標準必要專利默示許可。其他類型的默示許可尚未得到官方認可。由此看來，專利權人允許被許可人生產、種植轉基因作物不屬立法和司法實踐認可的默示許可。其次，默示許可的情形下，專利權人雖無權起訴專利實施者，但默示許可不等於免費許可，專利權人仍有權要求專利實施人支付合理的使用費。無辜旁觀者並無種植轉基因作物的意願（甚至反對轉基因作物），未從意外出現在其財產中的轉基因作物受益，還得支付使用費，這不能說是公平的。而且，考慮轉基因作物與非轉基因作物及野生物種間的漂移，如果接受默示許可，將誘導專利權人不遵守法律規定的隔離措施。

三、實施侵犯專利行為

專利權人在法定時限內對專利產品的製造、使用、銷售、許諾銷售和進口等享有獨佔性權利，排除他人未經許可實施其專利。此種排他性安排確保專利權人享有決定誰能從其發明中獲益的能力，使研究和開發利益內部化，激勵創新和技術進步。允許發明投資人在市場上

10　闕占文：《自我複製技術與專利權用盡原則的適用：以轉基因種子為中心》，載《法學家》2015 年第 2 期。

11　袁真富：《基於侵權抗辯之專利默示許可探究》，載《法學》2010 年第 12 期。

獲得一段時間的排他性，從而收回其投資或發明成本，專利法重新建構了市場失靈風險。[12] 由此，構成侵權的專利產品使用行為，不僅應滿足「實現專利產品技術方案的技術功能」要件，還應體現妨害專利權人獨佔實施權的行為。[13] 如果侵權人並沒有獲得該項發明目標帶來的利益，那麼技術性使用不構成侵權。[14] 加拿大法院強調「使用」與「專利收益」之間的關係。判斷被告是否使用專利產品的基本原則是「被告的行為是否全部或部分、直接或間接剝奪了法律授予發明者的壟斷收益」。[15] 使用者以無法從中獲益的方式意外使用專利技術，是否構成專利侵權。理查德．波斯納法官（Richard A. Posner）在 *SmithKline Beecham v. Apotex Corp.* 案予以回答。鹽酸帕羅西汀是人類在實驗室創製的合成化合物，可以通過自然過程複製。在承認意外一般不是侵權抗辯事由後，波斯納法官指出侵權人以無法令自己受益的方式無意使用產品的，不構成侵權使用。被告無法在任何意義上使用這些化合物，因為少量的半水化合物於混合毫無意義；單一的化合物無法提升產品對消費者的價值，進而無法提高產品的銷售價格，也不能降低生產者的生產成本。換言之，被告於此一無所獲，原告是侵權的唯一理由。[16]

　　將收益列為判定專利產品使用與否的因素，在轉基因技術領域有特殊的意義。1970 年代初期，孟山都公司研發了草甘膦除草劑，並申請專利。[17] 草甘膦除草劑能選擇性地清除植物，對非靶向植物的毒副作用低，成為普遍使用的廣譜除草劑。後來，孟山都公司發現能抵抗草甘膦除草劑的基因，相繼研發了一系列能表達出抗草甘膦除草劑的轉基因作物。因此，轉基因作物的抗除草劑、抗殺蟲劑等性狀需要特殊培育技術或者使用特殊產品方才出現。農民種植孟山都公司的抗農達轉基因油菜後，必須噴灑孟山都公司研發的農達除草劑，才可以在不影響轉基因油菜生長的同時除去雜草。如果使用其他品牌或類型的除草劑，就可能連轉基因油菜一塊清除，達不到清除雜草的效果。因此，除非知道其土地上出現轉基因種子並使用特殊培育技術或者使用

基因污染風險規制與法律救濟

12　Siddharth Khanijou, "Patent Inequity?: Rethinking the Application of Strict Liability to Patent Law in the Nanotechnology Era", (2007) *Journal Technology Law & Policy* 12(2), p. 179.

13　北京市高級人民法院知識產權審判庭：《北京市高級人民法院〈專利侵權判定指南〉理解與適用》（北京：中國法制出版社 2014 年版），第 391 頁。

14　See, e.g. *Kaz Mfg. Co. v. Chesebrough-Ponds, Inc.*, 211 F. Supp. 815 (S.D.N.Y. 1962).

15　*Monsanto Can. Inc. v. Schmeiser*, [2004] 1 S.C.R. 902, para. 58, 69 (Can.).

16　*SmithKline Beecham v. Apotex*, 247 F. Supp. 2d 1011, 1028 (N.D. Ill.2003).

17　Alan Baylis, "Why Glyphosate is a Global Herbicide: Strengths, Weaknesses and Prospects", (2008) *Pest Management Science* 56(4), p. 299.

特殊除草產品，農民通常無法從意外出現的轉基因作物中受益。在專利侵權訴訟中，不少被告指出基因技術的這一特徵，並以之進行構成要件抗辯。

在 *Monsanto Can. Inc. v. Schmeiser* 案中，被告 Schmeiser 主張其並非有意獲取和種植轉基因油菜，而且他沒有噴灑孟山都生產的草甘膦除草劑，因此不構成專利侵權。加拿大上訴法院承認，「包含孟山都基因的植物可能意外地進入他人財產中，即便他人沒有理由意識到轉基因特性的存在。可以合理假定他人在意識到植物具有該特性後容忍這一存在，且沒有推動或促使植物或其胚胎的發育、繁殖」。[18]加拿大聯邦最高法院採取了「佔有推定」的解釋，即在商業環境中佔有專利產品可被推定使用專利物品的備用用途，從而構成侵權。不過，被告可以證明其無意使用，推翻這一推定。[19]在 *Bowman v. Monsanto Co.* 訴訟中，Bowman 主張沒有噴灑孟山都生產的草甘膦除草劑，不構成專利侵權。雖然美國聯邦最高法院發現 Bowman 不是無辜旁觀者，但仍留下這種可能性 —— 僅僅允許轉基因種子意外進入土地生長可能不構成侵權使用。[20]

「以是否受益」為判斷專利產品使用的標準，區分了有收益的旁觀者（使用了專利功能性特徵的旁觀者）和沒有收益的旁觀者（沒有使用專利功能性特徵的旁觀者），有利於保護專利權人的利益，也豁免了沒有收益的無辜旁觀者。當受專利保護的轉基因作物及其繁殖材料意外出現在無辜旁觀者財產中時，如果無辜旁觀者沒有噴灑相應的除草劑，當可豁免責任。然而，此種解釋方法無法適應基因技術的發展，也使得無辜旁觀者承擔不相稱的監測和清除義務。

首先，基因技術的更新和多樣化。第一代基因技術多通過農桿菌介導法或基因槍法向受體插入特定外源基因，增加基因的表達，使作物表達抗除草劑、抗殺蟲劑等特性。種植者需要使用配套的除草劑或殺蟲劑方能消除目標生物，保護轉基因作物。隨著基因技術的發展，具備耐旱、增產特性等性狀的轉基因作物開始出現並有望商業化。[21]這些作物無需採取特殊的栽培方法或者培養技術。如果表達這些性狀的轉基因作物意外出現在他人土地中時，他人無需採取特殊方法或技術

18 *Percy Schmeiser and Schmeiser Enterprises Ltd. v. Monsanto Canada Inc. and Monsanto Company*, 2 FC. 165 (2003).

19 *Monsanto Can. Inc. v. Schmeiser*, [2004] 1 S.C.R. 902.

20 *Bowman v. Monsanto Co.*, 569 U.S. 278 (2013).

21 National Academies of Sciences, Engineering, and Medicine, *Preparing for Future Products of Biotechnology* (Washington, DC: The National Academies Press 2017), p. 46.

即可受益,「佔有即受益」。客觀上難以區分「有收益的無辜旁觀者」和「沒有收益的無辜旁觀者」。

其次,即便是抗除草劑、抗殺蟲劑等轉基因作物,「推定使用」中的責任分配也與長期形成的農業實踐不符。「作為被告的農民可能推翻這個假設,證明他們從未有意種植這些包含受專利保護基因和細胞的植物。他們可以證明轉基因出現在其土地上是意外和不受歡迎的,比如證明他們迅速清除這些基因,顯示其出現與『風吹』油菜的特性相同。」[22] 這種推定使種植非轉基因作物的農民負有肯定性義務,隨時監測其土地中的基因成分、通知專利權人並迅速清除。[23] 然而,轉基因作物及其繁殖材料與非轉基因作物及繁殖材料在外觀上並沒有差別。以孟山都研發的「抗農達」轉基因油菜為例,農民只能通過噴灑特定除草劑或實驗室檢測才能發現財產中有無轉基因油菜。但是,前者會導致非轉基因油菜死亡,農民一般不會通過這種方式自證清白;後者脫離長期的農業實踐,農民沒有進行化學監測的習慣和義務。

再次,法院判定「使用」的標準是「受專利保護的發明」。隨著時間的推移,基因技術專利權利要求的保護範圍更加寬泛,對整個基因轉化過程的保護更加嚴密。前期的專利主要保護的是基因獲得的方法、啟動子和轉基因作物的取得方法。而目前的專利一般都涵蓋了從基因分離到轉基因植株應用的整個過程,主要包括基因獲得方法、導入方法、啟動子和終止子、表達和轉化載體,以及轉基因細胞、組織和作物的使用方法等。[24] 隨著基因專利的不斷出現,基因專利保護範圍漸次擴張,豁免無辜旁觀者的不確定性越來越大。[25]

最後,專有權的擴張。一些國家的專利法近來發生變化,處置、保存和進口發明都被納入專利人的專有權利範圍。在 *McDonald v. Graham* 案中,英國法院認定,「保存」指儲存以備商業用途;而在 *Kalman v. PCL Packaging* 案中,法院認定,「處置」指投入市場。[26] 由此,佔有專利產品被直接認定為保存,從而侵害專利權人的專有權,無需考慮佔有專利產品人的主觀意圖,沒有適用佔有推定模式的空間。《歐共體專利公約》第 29 條直接規定第三方未經權利人許可不得

---

22 *Monsanto Canada Inc. v. Schmeiser*, [2004] 1 S.C.R. 902, 2004 SCC 34, para.86.

23 Philippe Cullet, "Farmer Liability and GM Contamination: Schmeiser Judgment", (2004) *Economic and Political Weekly* 39(25), p. 2551.

24 宋敏:《抗草甘膦 EPSPS 基因的專利保護分析》,載《中國生物工程雜誌》2010 年第 3 期。

25 關於各國基因專利保護的範圍爭議,可參見高莉:《絕對保護與相對保護:基因專利保護原則的選擇》,載《科技管理研究》2014 年第 17 期;曹麗榮:《我國基因專利保護範圍界定的思考》,載《河北法學》2010 年第 12 期。

26 Robert Burrell, "Patent Liability and Genetic Drift", (2005) *Environmental Law Review* 7(4), p. 278.

「儲存（stocking）」專利產品或依照專利方法直接獲得的產品。美國法院雖然區分「佔有」和「使用」，如果把侵權產品備用，法院一般認為這種行為構成「使用」。[27] 我國《專利法》沒有規定佔有、保存專利產品的行為是否構成使用。有的學者主張第三人佔有、保存的行為無須獲得專利權人的許可；有的學者建議區分不同情況進行分析。[28] 有法院指出，「對於作為備用件等特定目的擁有、儲存或者保存專利產品的，可以對專利產品的使用行為作廣義解釋，從而將這種行為納入規制範疇」。[29]

　　綜上所述，由於專利客體範圍的擴大和專利權的擴張，當含受專利保護的基因和細胞的植物意外出現在無辜旁觀者財產中時，無辜旁觀者在主張構成要件抗辯時面臨障礙和不確定性。

27　程永順、羅李華：《專利侵權判定：中美法條與案例比較研究》（北京：專利文獻出版社 1998 年版），第 141 頁。

28　尹新天：《中國專利法詳解》（北京：知識產權出版社 2011 年版），第 153 頁。

29　北京市高級人民法院知識產權審判庭：《北京市高級人民法院〈專利侵權判定指南〉理解與適用》，第 391 頁。

第三節　無辜旁觀者可以主張責任減免抗辯嗎？

在專利侵權糾紛處理中，被控侵權人為了證明其未侵犯專利權，通常根據《專利法》第 11 條主張侵權行為構成要件抗辯、或根據《專利法》第 69 條主張不視為侵權抗辯。一旦專利侵權成立，被控侵權人轉向責任減免抗辯。

一、合法來源抗辯

無辜旁觀者主觀上沒有獲取專利產品的意圖，類似於專利侵權中的善意侵權人。由此，專利法上的善意侵權抗辯成為討論無辜旁觀者侵權時非常便利的一個視角。[30]

專利的無形性、地域性和時效性，沒有過錯侵犯專利的情形是普遍的。基本上，專利侵權可能是完全無意的，侵權人不知道專利的存在。[31]專利侵權實踐中，作為原告的專利權人難以證明被告的主觀意圖，而行為人卻較易證明其「無過錯」。如果專利侵權以主觀為構成要件，將使得法院耗費大量司法資源查明行為人的主觀意圖。[32]絕大多數已經制定保護知識產權的國家的立法，均要求侵害知識產權的直接侵權人負「無過錯責任」。[33] 1984 年《專利法》曾將「使用或銷售不知道是未經專利權人許可而製造的專利產品」不視為侵犯專利權。該條規定使得第三人易以不知道產品侵權為由逃避責任，損害專利權人利

---

30 不少研究基因技術專利侵權的文獻從善意侵權的視角研究如何保護無辜旁觀者或善意侵權人。See e.g. Norman Siebrasse, "The Innocent Bystander Problem in the Patenting of Higher Life Forms", (2004) *McGill Law Journal* 49(2), p. 349. Ikechi Mgbeoji, "Adventitious Presence of Patented Genetically Modified Organisms on Private Premises: Is Intent Necessary for Actions in Infringement Against the Property Owner?", (2007) *Bulletin of Science, Technology & Society* 27(4), p. 314. Brennan Delaney, "What happens when the Gene gets out of the bottle? The Necessity of an intent element for infringement of patents claiming Genetically Modified organisms?", (2007) *UMKC Law Review* 76(2), p. 553.

31 *Blair v. Westinghouse Elec. Corp.*, 291 F. Supp. 664, 670 (D.C. 1968).

32 Mark D. Janis & Jay P. Kesan, "Intellectual Property Protection for Plant Innovation: Unresolved Issues After J.E.M. v. Pioneer", (2002) *Nature Biotechnology* 20(11), p. 1161, 1162.

33 鄭成思：《民法典（專家意見稿）知識產權篇第一章逐條論述》，載《環球法律評論》2002 年秋季號。

益。[34] 為此，該條文 2000 年被修改，並最終成為《專利法》第 77 條：
「為生產經營目的使用、許諾銷售或者銷售不知道是未經專利權人許可
而製造並售出的專利侵權產品，能證明該產品合法來源的，不承擔賠
償責任。」從《專利法》第 77 條的規範意旨、適用對象、構成要件等
考察，該條規定的「合法來源抗辯」無法充分保護無辜旁觀者的利益。

第一，該條規範意旨是保障交易安全、維護正常市場經營秩序。
銷售商以正常市場價格從合法渠道購置專利產品時，如已經履行注意
義務，主觀上不知情。如果要求銷售商因銷售侵權產品而承擔賠償責
任，將損害其合法權益，無益於交易安全，也無助於從源頭打擊專利
侵權。從規範意旨看，轉基因作物及其繁殖材料意外出現時，無辜旁
觀者和種植轉基因作物的農民之間事先沒有交易，談不上交易安全，
不在該條的保護範圍之內。

第二，適用對象上，該條涵攝的行為是「使用、許諾銷售或者銷
售專利侵權產品」，不包括「製造專利產品、使用專利方法」。在涉及
發明專利的侵權訴訟中，能夠行使合法來源抗辯的主體僅限於使用、
許諾銷售或者銷售侵權產品的主體，而不包括該產品的製造主體。[35]
「譚實現與比肯燈飾國際有限公司侵害發明專利權糾紛」中，被告譚實
現以不知情為其製造行為辯護，廣東省高級人民法院認為，「由於被訴
侵權技術方案落入比肯燈飾公司本案專利權的保護範圍，因此譚實現
購買配件後組裝成被訴侵權產品的行為，從性質而言屬製造被訴侵權
產品的行為，譚實現所作的合法來源抗辯不成立」。[36]

依據一般語義學解釋，使用是「使人員、器物、資金等為某種目
的服務」，製造則是「用人工使原材料成為可供使用的物品」。[37] 就產
品而言，使用是發揮產品的功能，製造則是生產新的產品。在一般的
技術領域，「使用」和「製造」是兩個不同的概念。人們不會混淆使用
電視機和製造電視機。可是，種子的使用和製造卻是「融合」的。[38] 種
子可以直接被用作或被加工成食品、飼料或者藥材，此類消費性使用
不會製造新種子。同時，種子也是農作物和林木的種植材料或者繁殖
材料，農民購買種子的主要目的是生產、經營。農民使用（種植）種
子後，將會製造（收穫）新的種子。此種生產性使用變成了製造，使

34 尹新天：《中國專利法詳解》，第 838 頁。
35 （2016）蘇民終 1399 號。
36 （2017）粵民終 990 號。
37 《現代漢語詞典》（北京：商務印書館 2002 年版），第 1140、1622 頁。
38 劉強：《自我複製專利侵權問題研究：以 3D 打印等自我複製技術為視角》，載《法商研究》
   2015 年第 5 期。

用者變成了製造者。當無辜旁觀者財產上出現受專利保護的轉基因成分時，法院可能認定農民製造轉基因種子，排除《專利法》第 77 條之適用。

「合法來源抗辯」有「不知情＋合法來源」兩個成立要件。首先，被控侵權人得證明所售產品有合法來源。合法來源，是指通過合法的銷售渠道、通常的買賣合同等正常商業方式取得產品。對於合法來源，使用者、許諾銷售者或者銷售者應當提供符合交易習慣的相關證據。[39] 合法來源認定的基本要件包括：正當的合同關係、正當的進貨渠道、合理對價等因素。[40] 受專利保護的轉基因作物及其繁殖材料意外出現在無辜旁觀者財產中，而非通過交易取得，無辜旁觀者無法證明其產品的合法來源。[41] 其次，被控侵權人主觀上沒有過錯。判斷銷售者是否具有主觀過錯，存在事實認定上的困難。實踐中，專利權人發現侵權線索後經常向銷售者發送侵權警告函，告知專利權和被訴侵權產品的基本情況、侵權比對結果及連絡人信息等內容。在銷售者已經收到該警告函的情況下，原則上應當推定其知道銷售的是專利侵權產品。孟山都等專利權人維持大規模的種子警察隊伍（seed police），一旦發現轉基因作物侵權線索，立即發送侵權警告函。[42] 在此情形下，被控侵權人無法主張「合法來源抗辯」。

《專利法》第 77 條僅僅免除侵權人的賠償責任。侵犯專利的，責任形式包括停止侵害、賠償損失等。即便被控侵權人能證明合法來源，也只是免除賠償損失責任，對於權利人停止侵害的主張，人民法院應予支持。然而，向開放的環境中釋放轉基因作物猶如「潑出去的水」，難以收回了。當經過許可的轉基因種子意外出現時，農民很難完全清除。在 *Bayer CropScience Co. v. Schafer* 中，遭受轉基因大米污染的農民證明 0.06% 的污染意味著聯合收割機每兩英尺就會面臨一顆被污染的植物，農民不得不支付高昂的清理成本。而且，轉基因品種非常穩定，在清理被污染的作物後仍能存活；有的作物種子在土地上可以長眠 10 年。在轉基因作物種植面積不斷增長的背景下，無辜旁觀

39　《最高人民法院關於審理侵犯專利權糾紛案件應用法律若干問題的解釋（二）》第 25 條。

40　江蘇省高級人民法院：《侵犯專利權糾紛案件審理指南 2010》。

41　無論農民是否合法購買轉基因作物種子，都面臨專利侵權風險，但兩者的爭議焦點不同。農民從經銷商處合法購買轉基因作物種子後進行種植，如果農民保存收穫的種子並在來年重新種植，專利權人訴農民侵犯專利權。此時農民抗辯的事由一般是專利權用盡原則，即轉基因作物種子專利在銷售後用盡。參見闞占文：《自我複製技術與專利權用盡原則的適用：以轉基因種子為中心》，載《法學家》2015 年第 2 期。

42　Seed Police?，http://www.monsanto.com/newsviews/Pages/Seed-Police-Part-4.aspx，最後訪問日期：2017 年 12 月 15 日。

者很難停止侵害、成本很高。[43]

二、受害人過錯抗辯

專利侵權屬於侵權行為。除了《專利法》規定的抗辯事由，被控侵權人亦可依據《民法典》等法律主張一般抗辯事由。如《民法典》第 1273 條和第 1274 條規定，如果被侵權人或受害人亦有過錯的，可以減輕或者免除侵權人或行為人的責任。

轉基因作物意外出現在他人財產中的一個主要原因是基因漂移，即基因從一個種群移動到另一個種群的現象的現象。[44] 植物間的基因漂移得到廣泛承認。美國科學院和世界衛生組織等專業機構都在報告中指出轉基因作物存在向非轉基因作物品種或野生物種逃逸、擴散的風險。[45] 作為專利權人的孟山都公司也承認轉基因作物發生基因漂移的風險。在 2017 年版的《技術使用指南》中，孟山都指出，「種植玉米或油菜等交叉授粉的作物時，如果種植者希望維持這些作物的特性或者降低這些作物與周邊土地相同品種作物交叉授粉的可能性，種植者應該採納相同的、普遍接受的做法管理……」為此，孟山都還列出了影響交叉授粉的一些因素，如作物品種、作物授粉期間、傳播距離等。[46] 事實上，早在 1999 年，時任孟山都加拿大副總裁的 Ray Mowling 承認，「同意某些交叉授粉發生，要求可能因為交叉授粉而無意種植孟山都種子承擔專利侵權責任是非常尷尬的」。[47] 這意味著，專利權人在許可種植轉基因作物時已經預見到，轉基因種子會因基因漂移等原因而導致他人的非轉基因作物具有轉基因特徵，且專利權人對此負有防

---

43 據國際農業生物技術應用服務組織（ISAAA）統計，全球轉基因作物種植面積從 1996 年的 1700 萬公頃增長到 2017 年的 1.898 億公頃，增加了 100 多倍。國際農業生物技術應用服務組織.《2017 年全球生物技術／轉基因作物商業化發展態勢》，載《中國生物工程雜誌》2018 年第 6 期。

44 Montegomery Slatkin, "Gene Flow and the Geographic Structure of Natural Populations", (1987) *Science* 236(4803), pp. 787-792.

45 National Research Council, *The Impact of Genetically Engineered Crops on Farm Sustainability in the United States* (Washington, DC: National Academies Press, 2010), p. 12. National Academies of Science, Engineering and Medicine, *Genetically Engineered Crops: Experience and Prospects* (Washington, DC: National Academies Press, 2016), p. 150. World Health Organization, *Modern Food Biotechnology, Human Health and Development: An Evidence-Based Study*(Geneva: World Health Organization, 2005), p. 21.

46 Technology Use Guides, https://monsanto.com/products/product-stewardship/technology-use-guides/，最後訪問日期：2017 年 12 月 12 日。

47 Rich Weiss, "Seeds of Discord: Monsanto's Gene Police Raise Alarm on Farmer's Rights, Rural Tradition", (1999) *The Washington Post*, p. A6.

範和管理的義務。換言之，專利權人許可轉基因作物使種植非轉基因作物的農民不可避免地侵犯專利權。結果，被控侵權人可以依據「與有過失」、「風險自負」主張免責抗辯。[48]

　　然而，與有過失、風險自甘不應成為無辜旁觀者的免責事由。一方面，如果不加區別地認為專利權人許可他人實施專利即意味著自甘風險，免除他人侵權責任，無論故意侵權人、善意侵權人、無辜旁觀者都可以援引此免責事由，專利權形同虛設。另一方面，為了防範和管理基因漂移風險，行政機關設定了轉基因作物的種植、收割、倉儲和運輸規範，專利權人制定操作指南，實行自我規制。假如不分青紅皂白，一概將專利權許可納入與有過失或風險自負的範疇，免除或減輕侵權人的責任，無法激勵專利權人防範和管理基因漂移。

48　David Costa, "In Pari Delicto and Crop Gene Patents: An Equitable Defense for Innocently Infringing Farmers", (2011) *Kentucky Journal Equine, Agriculture, and Natural Resources Law* 3(2), p. 179.

第四節　無辜旁觀者不視為侵權

　　歷史上，在面對各種挑戰時，專利制度適應技術的發展，顯示了強大的生命力，保持了穩定性和包容性。當可獲專利權的主題逐步擴張到高級生命形式及其組成部分後，需要討論的問題是——要不要增加一個專利侵權的例外？2002 年，針對 *Monsanto Can. Inc. v. Schmeiser* 一案，加拿大生物技術諮詢委員會明確提出無辜旁觀者侵權抗辯，即發生基因漂移時應免除無辜農民的侵權責任。[49]

一、農民權利與無辜旁觀者抗辯

　　專利法是在專利權人的壟斷利益與社會公共利益之間進行利益衡量、選擇和整合以實現一種動態平衡的制度安排。在本質上，專利法與其他法律制度一樣，應「盡可能地保護所有社會利益，並維持這些利益間的，與保護所有利益相一致的某種平衡或者協調」。[50]《專利法》開篇明義，「為了保護專利權人的合法權益，鼓勵發明創造，推動發明創造的應用，提高創新能力，促進科學技術進步和經濟社會發展，制定本法」。

　　專利侵權一般以無過錯原則為歸責原則。為了保護基因技術領域的無辜旁觀者，有學者建議重構專利侵權構成要件，將主觀意圖納入其中。[51]這種建議的確能保護無辜旁觀者，卻也極大地減損了專利權，增加專利權人維權難度。而且，一些轉基因作物屬自我授粉植物，其轉基因性狀能夠自我呈現，並穩定地遺傳。只要專利權人或者其授權

49　Canadian Biotechnology Advisory Committee, *Patenting of Higher Life Forms and Related Issues: Report to the Government of Canada Biotechnology Ministerial Coordinating Committee* (Ottawa: Canadian Biotechnology Advisory Committee, 2002), p. 14.

50　馮曉青：《專利法利益平衡機制之探討》，載《河南政法管理幹部學院學報》2005 年第 3 期。

51　See e.g. Hilary Preston, "Drift of Patented Genetically Engineered Crops: Rethinking Liability Theories", (2003) *Texas Law Review* 81(4), p. 1153. Roger A. McEowen, "Legal Issues Related to the Use and Ownership of GMOs", (2004) *Washburn Law Journal* 43(3), p. 611. Kathleen C. Rose, "Comment: Protecting the Farmers: Limiting Liability for Innocent infringement of Plant Patents", (2011) *Wake Forest Journal Business and Intellectual Property Law* 12(1), p. 118. Shene Mitchell, "Organic Crops, Genetic Drift, and Commingling: theories of Remedy and Defense", (2013) *The Drake Journal of Agricultural Law* 18(2), p. 313.

的生產商銷售第一代轉基因種子，其性狀便在市場上公開。另外，種子的自我複製能力非常強大……每個種子能產生無限多的種子。[52] 農民可能繼續保存作物種子或者將其銷售給其他人，減少專利的市場需求，侵蝕專利權人的權利。實踐中，在專利侵權中考慮主觀意圖要素非常困難——某些專利侵權行為以主觀意圖為要件，而其他的侵權行為不要求主觀意圖，會產生分類和劃界的問題。當轉基因作物被用於製造藥品時，應該被看作植物還是藥品？前者的專利侵權以主觀意圖為要件，而後者的專利侵權不以主觀意圖為要件。[53]

土地及其地上物屬農民的財產，農民享有所有權或者其他權利。農民可以依法選擇基因農業，亦可以選擇傳統農業、有機農業；農民亦有選擇種植何種作物的權利。當經過許可的轉基因作物及其繁殖材料意外出現時，農民不易發現；即使發現也很難完全清除。由於難以保證其財產中不會再出現受專利保護的轉基因作物，無辜旁觀者可能不得不與專利權人簽訂技術許可協議。由於基因漂移的自然屬性，轉基因特性可能廣泛地擴散。如果這種情況在全國範圍內發生，意味著許多農民將不得不從傳統作物轉向轉基因作物，儘管農民希望不種植轉基因作物。[54] 轉基因種子的意外出現不僅使無辜旁觀者遭受經濟損失，而且侵害了農民管理土地和選擇轉基因農業或非轉基因農業的自治權。

基因技術領域的無辜旁觀者獲得很多同情。在 *Bowman v. Monsanto Co.* 案的口頭辯論中，美國聯邦最高法院法官非常關心無辜旁觀者和無意使用者的侵權責任問題。艾琳娜·卡根（Elena Kagan）法官不無憂慮地說，「種子隨風進入農民的農場。農民突然佔有了抗農達種子，且由此構成侵權……（市場中的）種子 90% 以上是抗農達種子，換言之到處都是抗農達種子。因此，似乎每個人都可能是侵權人，是不是這樣？」[55] 事實上，討論並非集中於要不要豁免無辜旁觀者的責任，而是如何在豁免無辜旁觀者責任的同時避免打開方便之門——使得故意侵權人逍遙法外。[56] 一旦豁免無辜旁觀者，農民會不會

52 Sheff 將此特性歸納為自我披露（self-disclosing）。See Jeremy N. Sheff, "Self-Replicating Technologies", (2013) *Stanford Technology Law Review* 16(2).

53 Tim Van Pelt, "Is Changing Patent Infringement Liability the Appropriate Mechanism for Allocating the Cost of Pollen Drift?", (2006) *The Journal of Corporation Law* 31(2), p. 567.

54 Hillary Preston, "Drift of Patented Genetically Engineered Crops: Rethinking Liability Theories", (2003) *Texas Law Review* 81(4), p. 1153.

55 *Bowman v. Monsanto Co.*, 569 U.S. 278 (2013).

56 Norman Siebrasse, "The Innocent Bystander Problem in the Patenting of Higher Life Forms", (2004) *McGill Law Journal* 49(2), p. 350. Tabetha Marie Peavey, "Bowman v. Monsanto: Bowman, the Producer and the End User", (2014) *Berkeley Technology Law Journal* 29, p. 465.

在其土地出現轉基因作物後選擇性種植，即噴灑除草劑殺死非轉基因作物，收穫、保存和重複種植轉基因作物種子？或者，農民會不會與購買者串通，向黑市高價銷售轉基因種子？這些行為毫無疑問會侵蝕專利權人的利益，卻無助於無辜旁觀者的保護。

二、專利權人的風險認知與防範義務

為了避免轉基因作物帶來的風險，各國都採取了規制措施。依據《農業轉基因生物安全管理條例》等法規和規章，轉基因作物品種選育、試驗、審定和推廣需要經過實驗室研究和環境釋放等幾個階段。在每個階段，申請人都必須向主管部門提交試驗情況、安全管理和防範措施等信息，由主管部門組織科學家進行安全性評價。而且，種子作為植物的繁殖材料，事關國家的糧食安全，受到更加嚴格的規制。主要農作物的種子生產實行許可制度；經營種子需要獲得經營許可。只有通過安全性評價和獲得行政許可的轉基因種子方可投入市場經營，允許農民種植。

即便是經過安全性評價和許可的轉基因種子，仍舊可能造成基因漂移或其他損害。各國在許可釋放轉基因種子時會根據植物品種、花粉傳播方式、空氣溫度和地理條件等因素設定技術規範。[57]生物技術公司明知轉基因作物有漂移和交叉授粉的特性，卻仍舊向環境中釋放。他們負有控制此種漂移的義務。我國《農業轉基因生物安全評價管理辦法》規定了物理隔離、消毒處理、生物隔離、環境控制等安全控制措施。轉基因作物種植者或經營者負有遵守操作規範的義務。德國《基因工程法》第16條規定了「良好操作規範」，包括：（a）在種植或使用轉基因生物時，採取措施預防向其他土地侵入此種生物或交叉授粉，比如建立最短的隔離距離、品種篩選、保存記錄等；（b）在儲存轉基因生物時，通過隔離、清理儲存設備和容器等方式預防同其他產品發生任何混合；（c）在運輸轉基因生物時，通過隔離、清理運輸設備和容器等預防與其他產品發生混雜。具體而言，轉基因作物種植者必須在轉基因和非轉基因作物間設置隔離區，比如轉基因玉米和傳統玉米要保持至少150米距離，和有機玉米至少保持300米距離，並要避免轉基因成分出現在野生玉米上。[58]

57　基因漂移發生概率與作物類型、地理條件、鄰近物種和氣候條件等相關。賈士榮院士等研究了水稻基因漂移的規律。參見賈士榮等：《轉基因水稻基因飄流研究十年回顧》，載《中國農業科學》2014年第47卷第1期，第1-10頁。

58　周超：《保障轉基因農業與非轉基因農業共存的政策措施》，載《宏觀經濟研究》2014年第2期。

三、意外出現的轉基因數量與主觀意圖的判定

　　轉基因作物和非轉基因作物間交叉授粉的可能性首先取決於植物品種，小麥等開放授粉的作物最有可能發生交叉授粉。花粉傳播方式（風媒或蟲媒）、花粉密度、空氣溫度、地理條件等亦是影響因素。[59] 基於科學研究設定的控制措施不能完全隔絕轉基因作物與非轉基因作物的混雜風險，但可以降低風險。而且，可獲得的科學技術可提供準確的檢測結果。專利權人研發的基因或細胞有非常獨特的特徵，專利權人可以使用熒光定量 PCR、組學技術等現代基因檢測方法，便捷地檢測出他人土地上是否存在轉基因作物及其繁殖材料。另一方面，據統計，全球目前有 60 多個國家或地區對轉基因食品採取強制性信息披露義務。除了我國採取定性標識政策外，所有要求食品生產者或經營者在食品標識中披露轉基因信息的國家或地區都設定了轉基因成分閾值，進行閾值管理。[60] 一旦作物及其繁殖材料中的轉基因特性達到法律規定的閾值，生產經營者必須披露。閾值成為判斷被控侵權人是否遭受經濟損失的一個重要因素。

　　根據轉基因作物種植者是否遵守操作規範和他人財產上轉基因作物及其繁殖材料的數量，可以將轉基因作物及其繁殖材料出現在他人財產中的情況分為四種（見表 6.2）。第一種情形：轉基因作物種植者遵守規範，他人財產中出現大量轉基因作物及其繁殖材料；第二種情形：轉基因作物種植者遵守種植技術規範，他人土地上出現微量轉基因作物及其繁殖材料；第三種情形：轉基因作物種植者不遵守種植技術規範，他人土地上出現大量轉基因作物及其繁殖材料；第四種情形：轉基因作物種植者不遵守種植技術規範，他人土地上出現微量轉基因作物及其繁殖材料。

表 6.2 轉基因作物及其繁殖材料出現在他人財產之情形

類型　　　　規範　　　　數量	大量 *	微量
轉基因作物種植者遵守規範	I	II
轉基因作物種植者不遵守規範	III	IV

* 大量和微量都是建立在法定閾值上。如果低於法定閾值，就是微量，超過法定閾值，則為大量。因此，大量並非指絕對數量多，僅僅是相對法定閾值而言。

59　闞占文：《轉基因作物基因污染受害者的請求權》，載《法學研究》2015 年第 6 期。

60　闞占文：《食品標識中的轉基因信息披露：以商業言論為視角》，載《政法論叢》2017 年第 5 期。

四、明確不視為侵權抗辯

考慮無辜旁觀者在現行專利法下的抗辯窘境，宜通過立法明確無辜旁觀者抗辯，即「在農民無意獲取受專利保護的轉基因作物及其繁殖材料時，不視為侵權。當農民財產中的轉基因作物及其繁殖材料低於法定閾值時，視為無意獲取受專利保護的轉基因作物及其繁殖材料」。

首先，如此限定的無辜旁觀者抗辯可以區分無辜旁觀者和故意侵權。在第二種情形下，轉基因作物種植者遵守規範，他人財產中出現微量轉基因作物及其繁殖材料。由於轉基因作物及其繁殖材料是意外出現，他人屬無辜旁觀者，可以主張抗辯。舉重以明輕，既然在轉基因作物種植者遵守規範時無辜旁觀者不擔責，在轉基因作物種植者不遵守規範（第四種情形下）亦不應擔責。反之，在第一種情形下，轉基因作物種植者遵守操作規範，相鄰土地仍舊出現大量轉基因作物及其繁殖材料，可以推斷他人並非無意、被動獲取專利產品，不是無辜旁觀者，不得主張該抗辯。在 *Monsanto Can. Inc. v. Schmeiser* 案中，檢測顯示被告 Schmeiser 油菜中 95% 至 98% 呈現抗農達油菜的性狀。加拿大各級法院都認為基因漂移無法合理解釋被告作物中出現如此集中和高程度的商業性質的抗農達油菜，進而認定被告 Schmeiser 不屬無辜旁觀者，最終裁判構成侵權。實踐中也有可能發生無辜旁觀者起初不知財產中意外出現轉基因作物，但後來知道了，並開始有意識地種植轉基因作物的情況。此時，其土地中的轉基因作物及其繁殖材料含量將不再是微量，「無辜旁觀者」變成了故意侵權人，不得主張無辜旁觀者抗辯。

第三種情形下，種植者沒有遵守操作規範。實踐中，為了遵守行政規範和保護專利，專利權人或其許可人銷售轉基因種子時，通常與農民簽訂「技術許可合同」，告知和指導轉基因作物種植規程，並時時進行監測。換言之，種植者在專利權人的控制下開展活動，種植者沒有遵守規範可以視為專利權人違反義務。[61] 違法行為不產生訴因，專利權人不得請求法律的救濟。[62]

其次，本文所提出的無辜旁觀者抗辯亦可保護專利權人。因為無辜旁觀者抗辯只是豁免極少部分無辜侵權的行為，不會剝奪專利權人

第六章 基因污染與轉基因知識產權保護

---

61 在 *Starlink* 案中，美國環境保護署設定了隔離帶等種植要求，但種子生產商告知通知種子銷售代表無需告知星聯農戶隔離星聯玉米或建立隔離帶，結果發生基因混雜。一審法院沒有排除種子生產商的責任。

62 Sabrina Wilson, "Induced Nuisance: Holding Patent Owner Liable for GMO Cross-Contamination", (2014) *Emory Law Journal* 64(1), p. 169.

的潛在專利收益。抗辯所豁免的行為限於那些無意獲得許可和使用專利技術的農民。[63] 如果農民知道轉基因作物的存在並且採取措施種植這些作物，僅僅因為這些農民無意獲取這些植物就豁免其責任，於專利權人不公平。本文提出的無辜旁觀者抗辯可消除這些可能性。因為在種植這些轉基因作物後，農民土地上的轉基因作物數量超過了豁免條款中的閾值，不得援引豁免。

　　無辜旁觀者抗辯能較好地衡平專利權人利益和社會公共利益，被一些國外立法和法院採納。美國印第安納州《印第安納州法典》第 15 章規定，「如果：（1）種子供應商享有權利的產品被農民佔有，或者在農民所有或佔有的不動產上出現；且（2）產品的混合是微量的或者並非農民有意為之；農民不必承擔違反種子合同的責任。」美國加利福尼亞州《食品和農業法》第 52305 節規定，農民不應因為其所有或使用的不動產上出現或佔有專利轉基因作物而承擔責任，如果農民無意購買或者獲取轉基因作物，如果農民是善意且不知道植物的轉基因性質，且如果檢測出的轉基因作物僅僅是微量的。*Organic Seed Growers & Trade Ass' n v. Monsanto Co.* 案中，法院指出，如果專利權人有合理可能性表明農民通過使用或者銷售其土地上被污染的種子累積的數量並非微量，專利權人有權起訴。[64] 換言之，如果農民財產中的轉基因種子屬微量，專利權人不得起訴。[65]

63　William Brees, "Protecting Innocent Infringers of Naturally Reproducing Patented Organisms" , (2015) *Stetson Journal Advocacy and the Law* 2, p. 179.

64　*Organic Seed Growers & Trade Ass' n v. Monsanto*, 718 F.3d 1350(2013).

65　Christopher M. Holman, "Bowman v. Monsanto Co.: A Bellwether for the Emerging Issue of Patentable Self-Replicating Technologies and Inadvertent Infringement" , (2015) *Missouri Law Review* 80(3), p. 665, 722.

參考文獻

一、中文論著

（一）著作類

1. 程嘯：《侵權責任法》（第 3 版），北京：法律出版社 2021 年版。

2. 陳慈陽：《環境法總論》，北京：中國政法大學出版社 2003 年版。

3. 陳君石、聞芝梅主譯：《轉基因食品：基因知識及安全》，北京：人民衛生出版社、國際生命科學學會 2003 年版。

4. 程永順、羅李華：《專利侵權判定：中美法條與案例比較研究》，北京：專利文獻出版社 1998 年版。

5. 付文佚：《轉基因食品標識的比較法研究》，昆明：雲南人民出版社 2011 年版。

6. 黃季焜等：《轉基因生物技術的經濟影響：中國 Bt 抗蟲棉 10 年》，北京：科學出版社 2010 年版。

7. 黃薇主編：《中華人民共和國民法典侵權責任編釋義》，北京：法律出版社 2020 年版。

8. 馬克平、蔣志剛主編：《保護生物學》，北京：科學出版社 2014 年版。

9. 劉衛先：《後代人權利論批判》，北京：法律出版社 2012 年版。

10. 劉源、顧煜朝：《食品標籤法律制度比較研究》，北京：中國政法大學出版社 2016 年版。

11. 馬琳：《轉基因食品標識與信息的政府效應研究：基於中國消費者的實驗經濟學實證分析》，北京：中國社會科學出版社 2014 年版。

12. 農業部農業轉基因生物安全管理辦公室等編：《轉基因 30 年實踐》，北京：中國農業科學技術出版社 2012 年版。

13. 秦天寶：《生物多樣性保護的法律與實踐》，北京：高等教育出版社 2013 年版。

14. 闕占文：《轉基因生物越境轉移損害責任問題研究：以〈生物安全議定書〉第 27 條為中心》，北京：法律出版社 2011 年版。

15. 闕占文：《跨界環境損害責任導論》，北京：知識產權出版社 2010 年版。

16. 史學瀛：《生物多樣性法律問題研究》，北京：人民出版社 2007 年版。

17. 沈孝宙編：《轉基因之爭》，北京：化學工業出版社 2008 年版。

18. 汪勁：《環境法學》（第 4 版），北京：北京大學出版社 2018 年版。

19. 王建龍、文湘華編著：《現代環境生物技術》（第 3 版），北京：清華大學出版社 2021 年版。

20. 王利明主編：《民法》（第 9 版），北京：中國人民大學出版社 2022 年版。

21. 王明遠：《轉基因生物安全法研究》，北京：北京大學出版社 2010 年版。

22. 王勝明主編：《中華人民共和國侵權責任法解讀》，北京：中國法制出版社 2010 年版。

23. 王澤鑒：《侵權行為法》，北京：中國政法大學出版社 2009 年版。

24. 吳漢東主編：《知識產權法》（第 5 版），北京：北京大學出版社 2014 年版。

25. 謝曉堯：《在經驗與制度之間：不正當競爭司法案例類型化研究》，北京：法律出版社 2010 年版。

26. 薛達元主編：《轉基因生物安全與管理》，北京：科學出版社 2009 年版。

27. 許文濤、黃崑崙主編：《轉基因食品社會文化倫理透視》，北京：中國物資出版社 2010 年版。

28. 謝在全：《民法物權論》（上冊），台北：三民書局 2004 年版。

29. 修偉明等：《轉基因作物土壤環境安全研究》，北京：科學出版社 2018 年版。

30. 信春鷹主編：《中華人民共和國環境保護法釋義》，北京：法律出版社 2014 年版。

31. 尹新天：《中國專利法詳解》，北京：知識產權出版社 2011 年版。

32. 周枏：《羅馬法原論》，北京：商務印書館 2004 年版。

33. 【美】文森特‧R. 約翰遜著，趙秀文等譯：《美國侵權法》，北京：中國人民大學出版社 2004 年版。

34. 【瑞士】托馬斯‧伯納爾著，王大明、劉彬譯：《基因、貿易和管制：食品生物技術衝突的根源》，北京：科學出版社 2011 年版。

35. 【德】曼弗雷德‧沃爾夫著，吳越、李大雪譯：《物權法》，北京：法律出版社 2002 年版。

36. 【美】凱斯‧R. 孫斯坦著，師帥譯：《風險與理性：安全、法律及環境》，北京：中國政法大學出版社 2005 年版。

37. 【加】詹姆斯‧D. 蓋斯福德等著，黃祖輝等譯：《生物技術經濟學》，上海：生活‧讀書‧新知三聯書店上海分店、上海人民出版社 2003 年版。

（二）中文論文類

38. 陳亞芸：《印度轉基因食品立法研究》，載《科技與法律》2014年第1期。

39. 陳衛平等：《消費者對食品營養標籤的使用行為及其影響因素》，載《中國人民大學學報》2009年第4期。

40. 竇曉陽：《侵權責任法中「高度危險」的判斷》，載《法學家》2015年第2期。

41. 鄧輝：《言論自由原則在商業領域的拓展：美國商業言論原則評述》，載《中國人民大學學報》2004年第4期。

42. 杜強強：《基本權利的規範領域和保護程度：對我國憲法第35條和第41條的規範比較》，載《法學研究》2011年第1期。

43. 葛雲松：《純粹經濟損失的賠償與一般侵權行為條款》，載《中外法學》2009年第5期。

44. 郭于華：《透視轉基因：一項社會人類學視角的探索》，載《中國社會科學》2004年第5期。

45. 國際農業生物技術服務組織：《2019年全球生物技術／轉基因作物商業化發展態勢》，載《中國生物工程雜誌》2021年第1期。

46. 國際農業生物技術服務組織：《2018年全球生物技術／轉基因作物商業化發展態勢》，載《中國生物工程雜誌》2019年第8期。

47. 紀海龍：《法律漏洞類型化及其補充：以物權相鄰關係為例》，載《法律科學》2014年第4期。

48. 賈士榮等：《轉基因水稻基因飄流研究十年回顧》，載《中國農業科學》2014年第1期。

49. 劉旭霞、劉淵博：《論我國轉基因生物技術發展中的公眾參與》，載《自然辯證法研究》2015年第5期。

50. 陸群峰：《中國轉基因食品標識與信息傳播的改進：基於公眾權益保障視角》，載《湖南農業大學學報》(社會科學版)2014年第4期。

51. 李建軍、唐冠男：《阿希洛馬會議：以預警性思考應對重組DNA技術潛在風險》，載《科學與社會》2013年2期。

52. 李響：《論我國轉基因食品標識的立法規制》，載《山西農業大學學報》2021年第5期。

53. 闞占文：《自我複製技術與專利權用盡原則的適用：以轉基因種子為中心》，載《法學家》2015年第2期。

54. 闞占文：《轉基因作物基因污染受害者的請求權》，載《法學研究》2015年第6期。

55. 闕占文:《食品標識中的轉基因信息披露:以商業言論為視角》,載《政法論叢》2017 年第 5 期。

56. 闕占文:《香港轉基因食品標籤制度剖析》,載《特區經濟》2011 年第 7 期。

57. 闕占文:《論環境侵權之訴中的自找妨害抗辯》,載《廣西民族大學學報》(哲學社會科學版)2019 年第 5 期。

58. 闕占文:《賠禮道歉在民事公益訴訟中的適用及其限制》,載《政法論壇》2019 年第 4 期。

59. 闕占文、黃笑翀:《論懲罰性賠償在環境訴訟中的適用》,載《河南財經政法大學學報》2019 年第 4 期。

60. 秦天寶、向文:《歐盟轉基因食品法律制度的背景探析》,載《河海大學學報》(哲學社會科學版)2008 年第 3 期。

61. 屈茂輝、章小兵:《我國相鄰關係糾紛解決模式的變遷與發展》,載《湖北社會科學》2015 年第 3 期。

62. 蘇力:《司法解釋、公共政策和最高法院:從最高法院有關「姦淫幼女」的司法解釋切入》,載《法學》2003 年第 8 期。

63. 汪再祥:《轉基因食品強制標識之反思:一個言論自由的視角》,載《法學評論》2016 年第 6 期。

64. 王利明:《論相鄰關係中的容忍義務》,載《社會科學研究》2020 年第 4 期。

65. 王康:《基因污染的現行侵權法規範之因應政策:以損害救濟為中心的初步分析》,載《大連理工大學學報》2012 年第 4 期。

66. 王康:《基因污染的侵權法意涵》,載《蘭州學刊》2014 年第 12 期。

67. 王康:《歐美基因污染損害防範的法律經驗及其借鑒》,載《蘭州學刊》2016 年第 6 期。

68. 王康、周媚勤:《基因污染法律應對的國際法經驗探析》,載《上海政法學院學報》2017 年第 4 期。

69. 徐麗麗、李寧、田志宏:《轉基因產品低水平混雜問題研究》,載《中國農業大學學報》(社科版)2012 年第 2 期。

70. 徐琳傑等:《國際上主要國家和地區農業轉基因產品的標識制度》,載《生物安全學報》(社會科學版)2014 年第 4 期。

71. 徐祥民、劉衛先:《虛妄的代際公平:以對人類概念的辨析為基礎駁「代際公平說」》,載《法學評論》2012 年第 2 期。

72. 葉敬忠、李華:《關於轉基因技術的綜述與思考》,載《農業技術經濟》2014 年第 1 期。

73. 楊通進：《轉基因技術的倫理爭論：困境與出路》，載《中國人民大學學報》2006 年第 5 期。

74. 于飛：《違背善良風俗故意致人損害與純粹經濟損失保護》，載《法學研究》2012 年第 4 期。

75. 趙克祥：《論法律政策在侵權法因果關係判斷中的作用：以英美侵權法之最近原因的分析為中心》，載《法律科學》2007 年第 4 期。

76. 張友連、陳信勇：《論侵權案件裁判中的公共政策因素：以〈最高人民法院公報〉侵權案例為分析對象》，載《浙江大學學報》（人文社會科學版）2013 年第 1 期。

77. 周超：《保障轉基因農業與非轉基因農業共存的政策措施》，載《宏觀經濟研究》2014 年第 2 期。

78. 茆巍、劉博：《州立法視野下美國轉基因食品標識政策的可能變化與展望》，載《中國軟科學》2014 年第 8 期。

79. 趙將、生吉萍：《轉基因食品標識的問題與困惑》，載《中國農業大學學報》2015 年第 3 期。

80. 竺效：《論轉基因食品之信息敏感風險的強制性標識法理基礎》，載《法學家》2015 年第 2 期。

81. 張文斐：《美國基因漂移侵權責任分析及啟示》，載《電子知識產權》2020 年第 8 期。

82. 張紅：《不表意自由與人格權保護：以賠禮道歉民事責任為中心》，載《中國社會科學》2013 年第 7 期。

二、外文論著

（一）著作

1. Bernhard A. Koch (ed.), *Liability and Compensation Schemes for Damage Resulting from the Presence of Genetically Modified Organisms in Non-GM Crops*, London: Springer, 2008.

2. Bea Verschraegen (ed.), *International Encyclopaedia of Laws: Private International Law*, The Hagne: Kluwer Law International, 2014.

3. Christoph Bail, Robert Falkner and Helen Marquard (eds.), *The Cartagena Protocol on Biosafety: Reconciling Trade in Biotechnology with Environment & Development?*, London: Earthscan, 2002.

4. Environmental Law Institute, *Law of Environmental Protection*, Thomson Reuters, 2013.

5. Irus Braverman (ed.), *Gene Editing, Law, and the Environment*, Abingdon, Oxon: Routledge, 2018.

6. Kareen L. Holtby, William A. Kerr and Jill E. Hobbs, *International Environmental Liability and Barriers to Trade: Market Access and Biodiversity in the Biosafety Protocol*, Cheltenham; Northampton, Mass.: Edward Elgar, 2007.

7. Nicholas Kalaitzandonakes, Peter Phillips, Justus Wesseler, Stuart Smyth (eds.), *The Coexistence of Genetically Modified, Organic and Conventional Foods*, New York: Springer, 2016.

8. Luc Bodiguel and Michael Cardwell (eds.), *The Regulation of Genetically Modified Organisms: Comparative Approaches*, New York: Oxford University Press, 2010.

9. National Academies of Sciences, Engineering and Medicine, *The Promise of Genome Editing Tools to Advance Environmental Health Research: Proceedings of a Workshop in Brief*, Washington, DC: The National Academies Press, 2018.

10. National Academies of Sciences, Engineering and Medicine, *Genetically Engineered Crops: Experiences and Prospects*, Washington, DC: The National Academies Press, 2016.

11. National Research Council, *The Impact of Genetically Engineered Crops on Farm Sustainability in the United States*, Washington, DC: National Academies Press, 2010.

12. Omri Ben-Shahar and Carl E. Schneider, *More Than You Wanted to Know: The Failure of Mandated Disclosure*, Princeton, NJ: Princeton University Press, 2016.

13. Paul Weirich, *Labeling Genetically Modified Food: The Philosophical and Legal Debate*, New York: Oxford University Press, 2007.

14. Rajesh Tandon, K. R. Shivanna and Monika Koul (eds.), *Reproductive Ecology of Flowering Plants: Patterns and Processes*, Singapore: Springer, 2020.

15. Rosie Cooney, *The Precautionary Principle in Biodiversity Conservation and Natural Resource Management*, Gland, Switzerland and Cambridge: IUCN, 2004.

16. Ruth Mackenzie et al., *An Explanatory Guide to the Cartagena Protocol on Biosafety*, Gland, Switzerland and Cambridge: IUCN, FIELD, WRI, 2003.

參考文獻

17. Zgymunt J. B. Plater, *Environmental Law and Policy: Nature*, Law and Society (5th edition), New York: Aspen, 2016.

（二）外文論文

18. A. Damodaran, "Re-Engineering Biosafety Regulations In India: Towards a Critique of Policy, Law and Prescriptions", *Law, Environment and Development Journal*, 2005(1).

19. Axel Klaphake, "The Assessment and Restoration of Biodiversity Damages", *Journal for European Environmental & Planning Law*, 2005(4).

20. Bao-Rong Lu, "Transgene Escape from GM Crops and Potential Biosafety Consequences: An Environmental Perspective", *Collection of Biosafety Review*, 2008(4) .

21. Barry R. Furrow, "Governing Science: Public Risks and Private Remedies", *University of Pennsylvania Law Review, 1983(6)*.

22. Carol A. Hoffman, "Ecological Risks of Genetic Engineering of Crop Plants", *BioScience*, 1990(6).

23. Christopher P. Rodgers, "Liability for the Release of GMOS into Environment: Exploring the Boundaries of Nuisance", *Cambridge Law Journal*, 2003(2).

24. Daryl Lim, "Self-Replicating Technologies and the Challenge for the Patent and Antitrust Laws", *Cardozo Arts & Entertainment Law Journal,* 2013(1).

25. Dennis Eriksson et al., "Options to Reform the European Union Legislation on GMOs: Risk Governance", *Trends in Biotechnology*, 2020(4).

26. Douglas A. Kysar, "Preference for Process: The Process/Product Distinction and the Regulation of Consumer Choice", *Harvard Law Review*, 2004(2).

27. Douglas Fretty, "Both a License and a Sale: How to Reconcile Self-Replicating Technology with Patent Exhaustion", *The Journal of Business, Entrepreneurship & the Law*, 2011(5).

28. Drew L. Kershen, "Legal Liability Issues in Agricultural Biotechnology", *Environmental Liability*, 2002(6).

29. E. Wayne Thode, "Tort Analysis: Duty-Risk v. Proximate Cause and the Rational Allocation of Functions Between Judge and Jury", *Utah Law Review*, 1977(1).

30. Ellstrand NC, Rieseberg LH, "When gene flow really matters: gene flow in applied evolutionary biology", *Evolutionary Applications*, 2016(7).

31. Jeremy N. Sheff, "Self-Replicating Technologies", *Stanford Technology Law Review*, 2013(2).

32. Joachim Schiemann et al., "Risk Assessment and Regulation of Plants Modified by Modern Biotechniques: Current Status and Future Challenges", *Annual Review Plant Biology*, 2019(1).

33. Jonathan Gressel, "Dealing with transgene flow of crop protection traits from crops to their relatives", *Pest Management Science*, 2015(5).

34. John S. Applegate, "The Prometheus Principle: Using the Precautionary Principle to Harmonize the Regulation of Genetically Modified Organisms", *Indiana Journal of Global Legal Studies*, 2001(1).

35. Jim Chen, "The Parable of the Seeds: Interpreting the Plant Variety Protection Act in Furtherance of Innovation Policy", *The Notre Dame Law Review*, 2005(1).

36. Jose Luis Martinez, "Environmental Pollution by Antibiotics and by Antibiotic Resistance Determinants", *Environmental Pollution*, 2009(11).

37. Kim JoDene Donat, "Engineering Akerlof Lemons: Information Asymmetry, Externalities, and Market Intervention in the Genetically Modified Food Market", *Minnesota Journal of Global Trade*, 2003(2).

38. Lara Khoury and Stuart Smyth, "Reasonable Foreseeability and Liability in Relation to Genetically Modified Organisms", *Bulletin of Science, Technology & Society*, 2007(3).

39. Luca Lombardo and Maria S. Grando, "Genetically Modified Plants for Nutritionally Improved Food: A Promise Kept?", *Food Reviews International*, 2020(1).

40. L. Feris, "Risk Management and Liability for Environmental Harm Caused by GMOs-The South African Regulatory Framework", *Potchefstroom Electronic Law Journal*, 2006(1).

41. Natasha Gilbert, "Case Studies: A Hard Look at GM Crops", *Nature*, 2013(7447).

42. Paul K. Keese et al., "Applying a Weed Risk Assessment Approach to GM Crops", *Transgenic Research*, 2014(6).

43. Petter Portin, Adam Wilkins, "The Evolving Definition of the Term 'Gene'", *Genetics*, 2017(4).

44. Philippe Cullet, "Farmer Liability and GM Contamination: Schmeiser Judgment", *Economic and Political Weekly*, 2004(25).

45. Philippe Cullet, "Monsanto v Schmeiser: A Landmark Decision Concerning Farmer Liability and Transgenic Contamination", *Journal of Environmental Law*, 2005(1).

46. Rebecca M. Bratspies, "Myths of Voluntary Compliance: Lessons from the Starlink Corn Fiasco", *William and Mary Environmental Law and Policy Review*, 2003(3).

47. Richard A. Repp, "Biotech Pollution: Assessing Liability for Genetically Modified Crop Production and Genetic Drift", *Idaho Law Review*, 2000(3).

48. Roger A. McEowen, "Legal Issues Related to the Use and Ownership of Genetically Modified Organisms", *Washburn Law Journal*, 2004(3).

49. Simon Caney, "Justice and Future Generation", *Annual Review of Political Science*, 2018(1).

50. Stephanie Tai, "The Rise of U.S. Food Sustainability Litigation", *South California Law Review*, 2012(4).

51. Stuart J. Smyth and Drew L. Kershen, "Agricultural Biotechnology: Legal Liability Regimes from Comparative and International Perspectives", *Global Jurist*, 2006(2).

52. Todlock Cowan, "Agricultural Biotechnology: Background, Regulation, and Policy Issues", *Congressional Research Service*, 2013.

53. Zachary Loney, "Bowman' s Beanstalk: Patent Exhaustion in Self-Replicating Technologies", *Vanderbilt Journal of Entertainment and Technology Law*, 2013(4).

基因污染風險規制與法律救濟